汽车行业质量管理实用指南系列

失效模式和影响分析（FMEA）实用指南

王丽春　编著

机械工业出版社

本书首先介绍了 FMEA 的类型以及当今主流的两套 FMEA 逻辑，然后总结了 IATF 16949 和 VDA 6.3 对 FMEA 的要求，接着讲述了借助项目管理的方法成功管理 FMEA 项目，最后分别用理论和案例相结合的方式深入浅出地详细讲解了 DFMEA（含 FMEA-MSR）、PFMEA 创建和更新的方法和步骤。

　　本书吸取了世界一流汽车公司 FMEA 的最佳实践及 FMEA 实战专家多年的工作经验，阅读本书后，读者可以深刻理解 FMEA 和其他工具的交互关系，圆满策划 FMEA 过程，恰当展开产品和过程的结构，缜密识别其中的失效，轻松选择预防和控制措施，自信地向顾客和管理层报告 FMEA 成果等。

　　编写本书的目的不只是教授读者如何完成优秀的 FMEA 文档，更是让读者通过 FMEA 的过程和成果赢得顾客的满意和青睐，获得实实在在的经济效益和社会效益。因此，无论是为了 FMEA 入门，还是为了 FMEA 提高；无论是为了提高产品质量，还是为了降低生产成本，本书都是理想的学习资料。

　　本书适合从事设计、工艺、生产、物流、服务、质量等工作及对风险管理有兴趣的各类读者阅读。

图书在版编目（CIP）数据

失效模式和影响分析（FMEA）实用指南／王丽春编著.
—北京：机械工业出版社，2020.12（2025.3 重印）
（汽车行业质量管理实用指南系列）
ISBN 978-7-111-67042-1

Ⅰ.①失…　Ⅱ.①王…　Ⅲ.①汽车-产品质量-质量管理-中国-指南
Ⅳ.①F407.471.63-62

中国版本图书馆 CIP 数据核字（2020）第 248828 号

机械工业出版社（北京市百万庄大街 22 号　邮政编码 100037）
策划编辑：母云红　　　　责任编辑：母云红
责任校对：张　力　　　　封面设计：马精明
责任印制：单爱军
北京虎彩文化传播有限公司印刷
2025 年 3 月第 1 版第 8 次印刷
184mm×260mm·12 印张·231 千字
标准书号：ISBN 978-7-111-67042-1
定价：59.00 元

电话服务　　　　　　　　　网络服务
客服电话：010-88361066　　机　工　官　网：www.cmpbook.com
　　　　　010-88379833　　机　工　官　博：weibo.com/cmp1952
　　　　　010-68326294　　金　书　网：www.golden-book.com
封底无防伪标均为盗版　　机工教育服务网：www.cmpedu.com

前　言

Preface

随着产品和工艺复杂程度的提高、相关方要求的增加和严苛、影响因素的复杂和不确定性，人们所从事的设计和生产过程也越来越容易发生错误、产生问题、造成影响。这时候，单纯使用问题解决来应对这些情况已经远远不能适应时代的发展，因为此时问题已经产生，影响已经铸成。如果问题在组织内部得以发现，那么可能需要变更产品设计，需要重新设计和生产样件，需要修改甚至报废工装夹具，需要挑选、返工、报废产品，甚至造成生产线停止或者不能出货，设计和生产的成本和效率会受到极大影响。如果问题没有被组织内部发现而流出，那么顾客会产生抱怨甚至索赔，组织信誉会受损，新订单可能因此被缩减甚至取消，组织上下将可能陷入一片恐慌和混乱，有关负责人甚至会因为渎职而承担法律责任。

FMEA 是预防以上问题的一种方法，它是英文 Failure Mode and Effect Analysis 的缩写，其中文意思是潜在失效模式和影响分析。它是一种预防问题的思想方法和工具，其原理是系统性地识别和评价设计和生产所有可能发生的潜在问题，然后提前安排或者执行措施来减少错误发生的概率、增强发现问题的能力、降低问题造成的影响。这些潜在问题的发生风险降低了，设计和过程也就更可靠了。

近年来，人们越来越深刻地认识到风险管理的重要性，最新的管理体系要求把基于风险的思维纳入组织各个过程的管理中。作为风险管理在技术上的应用，FMEA 越来越多地应用在不同的行业中，特别是航空航天、汽车等行业。人们越来越多地应用 FMEA 以降低产品风险、提高产品质量、降低生产成本。

虽然被寄予厚望，FMEA 的制作质量却普遍不容乐观。就像我们会看到的一样，有些人不懂 FMEA 的原理、逻辑和主持，却被要求做 FMEA 工作，这导致了 FMEA 粗制滥造、逻辑混乱，根本无法指导计划和执行文件的制订，也无法指导设计和生产，FMEA 被迫沦为文书工作。

更加严峻的现实是，汽车行业对 FMEA 方法做了升级，以结果为导向的 FMEA 头脑风暴式填写，转变为以过程为导向的 FMEA 系统分析，这增加了制作 FMEA 的难度；同时，新方法还要求有主持人主持 FMEA 会议（主持人的提问可以让团队工作更有成效，从而提高 FMEA 的质量），然而，对主持 FMEA 会议，很多人仍闻所未闻，更不用说如何有效主持 FMEA 会议、发挥团队的力量了。可以想见，如果大家没有得到正确的指导，FMEA 的质量将每况愈下，技术风险管理仍将流于形式。

正是上述原因触发了本书的写作。首先，希望通过本书向读者介绍如何正确而深刻地理解和应用 FMEA 的系统方法，然后向大家揭示如何有效地主持 FMEA 会议。正是这种主持，带领团队走完了 FMEA 的七个步骤，同时也把集体的知识、能力和经验凝结在 FMEA 的过程和成果当中。FMEA 方法和主持是不可分割的有机整体，在主持中实现了方法的运用。没有方法，FMEA 主持就没有意义；没有主持，FMEA 方法就没有用武之地。FMEA 方法和主持的紧密结合，成就了成功的 FMEA 案例！

我本人在世界一流汽车产品公司从事 FMEA 研究和运用工作十年以上，一直担任 FMEA 方法、FMEA 软件、FMEA 主持、管理层的 FMEA 等一系列课程的中国区培训师、FMEA 专家组成员、FMEA 过程所有者和主持人，至今已培训管理人员和工程师数千人，主持过的设计和过程 FMEA 会议上万场。这些经历正是我有信心深入写作本书的原因。

本书的第 1 章是 FMEA 的总体介绍；第 2 章讲述如何管理 FMEA 项目；第 3 ~ 6 章分别介绍 DFMEA 和 PFMEA 的创建和更新，读者可以根据自己的工作岗位和兴趣选择学习相关部分。在第 3 ~ 6 章中，每个小节讲解 FMEA 的一个步骤，每小节都由理论介绍和案例展示两部分组成，理论部分按照概念导入和操作详解的方式对 FMEA 方法深入展开介绍；案例部分让读者和本书中的 FMEA 团队一起亲历 DFMEA 和 PFMEA 的主持过程，并运用 FMEA 方法产出成果。这种编排方式力图使读者在深刻理解 FMEA 方法的同时，也可以真真切切地感受到 FMEA 的每一步操作。

在每个步骤的讲解中，本书吸取了世界一流汽车产品公司 FMEA 的真实成功实践以及 FMEA 实战专家多年的工作经验，比如，如何定义 FMEA 合同，如何分解产品或流程的结构，如何全面地识别功能，如何识别所有可能的失效，常用的预防和探测措施有哪些，如何理解和应用评价准则，如何开展 FMEA 验证，如何追踪优化改进措施，如何完成一份 FMEA 文档，如何向顾客和管理层汇报 FMEA 成果，如何执行 FMEA 中定义的措施，FMEA 和 8D 如何互相促进，如何降低产品批量报废和召回，等等。这些效果良好的实践解决了传统 FMEA 中的弊病，也提高了 FMEA 的效果和效率。

编写本书的目的不仅是教授读者如何完成优秀的 FMEA 文档，而且要让读者通过 FMEA 的过程和成果赢得顾客的满意和青睐，并获得实实在在的经济效益和社会效益。因此，无论是为了 FMEA 入门，还是为了 FMEA 提高；无论是为了提高产品质量，还是为了降低生产成本，本书都是读者理想的学习资料。

当你能够在设计和过程中熟练运用 FMEA 给顾客、组织及自己带来价值之后，相信你也可以在日常工作和生活中适当地运用 FMEA 的思想和方法，让你的工作和生活更少地产生问题，一直能按预期实现目标，真正达到"心想事成"的状态。如果本书能达到这个目的，那将是我的极大欣慰。

本书的顺利完成离不开家人的支持和奉献，衷心感谢他们！

书中有些观点可能存在不足之处，有些内容可能出现错误或疏漏；在学习和应用 FMEA 的过程中，也可能会碰到问题或困难，欢迎大家通过邮箱 hiwlc@163.com 与我联系，让我们一起讨论问题，促进彼此的共同成长。也欢迎添加微信号 13070116286，发送"质量管理"，或扫描下面的二维码，进入质量管理读者交流群。

作　者

目 录
Contents

第3章

执行 DFMEA

第4章

更新 DFMEA

第6章

更新 PFMEA

第 1 章

认识 FMEA

FMEA 是 Failure Mode and Effect Analysis 的英文缩写，其中文名称为失效模式和影响分析。与问题解决不同，FMEA 讨论的是事先策划以及执行措施，以预防问题的发生或者控制问题的发展，从而降低设计和过程的风险。由于问题还没来得及在现实中发生就已经得到解决，因此，执行 FMEA 既可以降低内外部成本，又可以使相关方摆脱问题的困扰。

1.1 FMEA 介绍

1.1.1 FMEA 决策

一份策划良好的 FMEA 不仅可以降低内部失效成本，还可以减少顾客抱怨，提升顾客满意度。因此，很多组织考虑收益，自主选择了 FMEA。然而，这并不是决定是否采用 FMEA 的唯一影响因素。第一，有些行业强烈推荐 FMEA 作为技术风险分析的首选工具，例如航空航天和汽车行业。如果一个组织身处这样的行业，那就要优先选择应用 FMEA，否则就很难获得这些行业的质量管理体系证书，进而进入这个市场。第二，很多企业顾客为了提高供应商的质量保证和控制能力，要求供应商提供 FMEA 文件，否则就不会批准新产品的放行，如果没有 FMEA 的支持，组织的生存和发展将会受到影响。

所以，需要结合行业、顾客和组织自身的要求决定是否需要 FMEA，如果行业和顾客要求使用 FMEA，那组织肯定要执行 FMEA；如果行业和顾客都没有要求，那组织可以结合收益和成本，自主决定是否采用 FMEA。

一份高质量的 FMEA 至少给组织带来以下收获：

1）增强了组织关于产品和过程的知识。

2）增强了产品的质量、可靠性和安全。

3）增强了产品的可生产性和可服务性。

4）减少了产品设计和过程的控制成本。

5）减少了产品和过程后期变更的成本。

6）减少了产品报废或返工返修的成本。

7）赢得了市场竞争且赢得了顾客满意。

1.1.2　FMEA 类型

产品的质量不仅取决于生产，还由设计决定。对应地，FMEA 也有两种基本类型，分析和应对设计错误对应的是设计 FMEA（Design FMEA，DFMEA），分析和应对生产错误对应的是过程 FMEA（Process FMEA，PFMEA）。

DFMEA 可以降低设计的风险。它通过研究设计目标的实现方式和影响因素，运用知识、逻辑以及经验识别设计可能存在的不足之处，进而在设计发布前就采取措施降低潜在问题的风险。潜在问题解决了，设计发布后真正发生的问题就减少了，在产品的整个生命周期内，减小甚至避免了原本可能发生的不良影响。

根据设计层次的不同，DFMEA 又可以分为系统级 DFMEA 和零件级 DFMEA。系统级 DFMEA 不仅分析组成该系统的分系统和零部件的功能和交互作用，还分析它们和其他系统、周围环境以及顾客之间的交互作用。而零件级 DFMEA 分析为了满足上述分系统或零件的功能和交互作用，该零件应该有的设计细节。

随着人们对安全的重视，监视和系统响应 FMEA（FMEA-MSR）应运而生。一般的 DFMEA 是通过设计阶段的措施来降低风险的，而 FMEA-MSR 是在顾客使用时，通过对系统行为的监视和响应而减低风险的。由于它们的目的都是通过设计降低产品风险的，因此，FMEA-MSR 可以作为 DFMEA 的补充：当 DFMEA 讨论了设计阶段的措施之后，如果还需要通过监视和系统响应来达到产品安全或者法律法规方面的目标，那就需要分析在顾客使用时，监视和系统响应对风险的管控效果。

DFMEA 的目的是降低设计的风险，而 PFMEA 的作用是降低过程的风险。它通过研究过程目标的实现方式和影响因素，运用知识、逻辑以及经验识别过程可能存在的执行错误，进而在过程执行前就采取措施降低潜在问题的风险。潜在问题解决了，过程执行中真正发生的问题就减少了，在过程的整个生命周期里，减小甚至避免了原本可能发生的不良影响。

至于其他类型的 FMEA，它们都是这两种基本 FMEA 的衍生，只是应用领域不同罢了，在执行方法上是一样的，可以根据需要选用。例如，设备 FMEA 属于 DFMEA 的一种，当 PFMEA 显示机器、设备、工装夹具存在风险时，可以对该机器、设备、工装夹具做设备 FMEA；物流或服务 FMEA 都属于 PFMEA，前者分析了物流过程中可能存在的风险，以及预防和管控方法；后者分析了服务过程中可能存在的风险以及应对措施。

1.1.3　FMEA 演变

FMEA 发展至今已经成为相对成熟的方法论。1949 年，美国军方首次描述了 FMEA 方法。1963 年，它成功运用于美国航空航天局的阿波罗登月计划中。接下来，FMEA 开始运用在航空航天、食品和核电等行业。1977 年，汽车行业开始运用 FMEA。2001 年形成国际标准。2008 年，美国汽车工业行动集团（Automotive Industry Action Group，AIAG）发布了他们最新版的 FMEA 手册，而在 2012 年，德国汽车工业联合会（VDA）也发布了他们最新版的《Product and Process-FMEA》（《产品和过程 FMEA》）。

因此，汽车行业的 FMEA 以 AIAG 和 VDA 为代表形成了两套方法论。AIAG 用解决问题的思路，以结果为导向进行潜在失效分析，具有简单、容易操作的优点；但缺点是缺乏系统性，容易产生失效遗漏。其逻辑如图 1 - 1 所示。而 VDA 则是以系统分析为前提，以过程为导向，采用结构化的五步法分析潜在失效，其优点是更具严密性，但也更复杂。其逻辑如图 1 - 2 所示。

AIAG 和 VDA 方法的差异不仅体现在过程中，也体现在风险评价的准则上。这给同时为美国和德国顾客供货的供应商带来了负担，因为他们如果想避免顾客困惑，就需要准备两份不同的 FMEA，以满足不同顾客的要求。

AIAG 和 VDA 认识到了这一点，经过三年多的努力，两个机构共同努力的结晶——《AIAG VDA FMEA 手册》于 2019 年 6 月发布。这本手册的发布为汽车行业建立了共同的 FMEA 基础。新手册借鉴了 AIAG 的方框图、参数图、流程图等工具的运用，也借鉴了 VDA 的五步法，并在此基础上头尾各增加一步，形成了 FMEA 七步法。新手册还借鉴了 VDA 推荐的机电系统 FMEA，开发出了崭新的监视和系统响应 FMEA。除此之外，手册还统一了风险评价准则，并推荐使用措施优先度（Action Priority，AP）而不是以前的风险优先数（Risk Priority Number，RPN）来决定优化改进的时机。

图 1-1　结果导向的 FMEA 表格

项目/功能	潜在失效模式	潜在失效效应影响	分类	潜在失效原因	当前预防措施	当前探测措施	严重度 (S)	发生度 (O)	探测度 (D)	RPN	建议措施	责任和目标完成日期	措施和生效日期	措施结果			
														严重度	发生度	探测度	RPN
需要实现什么功能和要求?	会发生什么潜在失效?				当前如何应对这些潜在失效?					当前的风险如何?	建议采取什么措施降低风险?			措施执行的结果如何?			

图 1-2　过程导向的 FMEA 表格

结构分析

上层元素	关注元素	下层元素或特性类别
系统的结构是怎样的?		

功能分析

上层元素功能和要求	关注元素功能和要求	下层元素功能和要求或特性
系统如何实现功能和要求?		

失效分析

失效影响	失效模式	失效原因
系统的功能和要求如何失效?		

风险分析

当前预防措施	当前探测措施	严重度 (S)	发生度 (O)	探测度 (D)	AP
当前的风险如何?					

优化改进

预防措施	探测措施	责任人	目标完成时间	状态	采取的措施和证据	完成日期	S	O	D	AP
计划采取什么措施降低风险?					措施的状态和结果如何?					

1.1.4 FMEA 步骤

本书主要介绍基于《Failure Mode and Effects Analysis-FMEA Handbook》（AIAG VDA FMEA 手册）的 FMEA 七步法。FMEA 的七个步骤分别是策划和准备、结构分析、功能分析、失效分析、风险分析、优化改进和结果文件化。当然，FMEA 七步法也可以成功运用在结果为导向的 FMEA 表格，这时候，只要把结构分析中的焦点元素作为表格中的"项目"，功能分析中焦点元素的功能作为表格中的"功能"，其他的分析相同。结构分析和功能分析可以让失效分析更完整和深入。

可以从不同角度把七个步骤分成不同的部分。从风险管理角度来说，策划和准备、结构分析、功能分析属于系统分析，它们分析了产品或流程的组成以及功能和要求的实现方式；失效分析、风险分析、优化改进属于基于系统分析之上的失效分析和风险降低；结果文件化属于风险沟通。

从技术和管理的角度来说，策划和准备、结果文件化都属于管理过程，而中间的结构分析、功能分析、失效分析、风险分析、优化改进则是层层递进的技术过程，理解它们的关键是要明白：失效的因果关系来源于功能的因果关系。七个步骤的关系如图 1-3 所示。

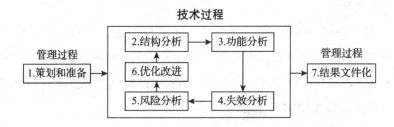

图 1-3 FMEA 七个步骤的关系

策划和准备为 FMEA 的开始和进行创造了有利条件。策划工作包括 FMEA 内容上的策划和时间上的策划，而准备则是要明确相关方（尤其是企业顾客）对 FMEA 方法以及对产品和过程的技术要求，并准备好相关资料，准备好需要的人力和物质资源。

结构分析明确了所研究系统结构上的框架，框架中的每个元素都是系统功能的承担者。建立了系统结构上的框架，就为系统功能和要求的展开建立了物质基础。

功能分析在结构框架的基础上把系统的功能和要求进行展开。由于失效的因果关系来源于功能的因果关系，所以，功能分析为失效机理的分析建立了基础。

失效分析基于功能上的因果关系建立了失效的因果关系。而失效的因果关系为应对措施的开发和风险状态的评估建立了基础。

风险分析基于失效分析的因果关系，考虑了当前的预防和探测措施，评估当前的风险状态。明确了当前的风险状态，就揭示了接下来优化改进的优先程度。

优化改进根据评价的风险状态，计划和执行新的预防或者探测措施，降低风险，让风险达到可以接受的程度。潜在失效的风险降低了，实际问题就被预防或者控制住了。

文件结果化就是要把前述的分析结果形成文件，并向管理层和顾客汇报，让他们了解风险和应对措施，引导他们共同参与风险管理。

1.1.5　IATF 16949 的要求

作为汽车行业质量管理体系标准，IATF 16949 提出了至少 16 条 FMEA 的相关要求。满足这些要求会提高组织 FMEA 工作的成熟度，降低产品和过程的风险，降低生产成本的同时满足顾客要求。而不满足这些要求，一方面无法获得上述收益，另一方面还会成为顾客、体系、过程审核时的不符合项，需要限时进行整改。因此，有必要理解 IATF 16949 对 FMEA 提出的要求。

在"质量管理体系及其过程"的"产品安全"章节，标准要求对产品安全相关的 DFMEA 和 PFMEA 实行特殊批准。特殊批准需要遵循顾客要求或者组织内部流程的定义，一般由有资质的人员进行。该项条款的目的是让特殊批准人员通过批准 FMEA 对安全产品的设计和生产进行风险管理。

在"能力"的"内部审核员能力"和"第二方审核员能力"章节，标准要求审核员了解 FMEA 的要求并具有待审核的产品和过程的 FMEA 知识。此项条款强调了审核员的 FMEA 能力，通过 FMEA，审核员可以了解产品或过程的实现以及风险和控制，并有可能发现产品设计、过程执行以及 FMEA 中的不足之处。

在"产品和服务的设计和开发"的"设计和开发策划"章节，标准要求 FMEA 的开发和评审需要使用多方论证的方法。此项条款要求由团队进行 FMEA 工作，团队工作能利用群体的知识、经验、能力和智慧，最大可能地降低产品和过程的风险。

在"产品和服务的设计和开发"的"特殊特性"章节，标准要求 PFMEA 需要记录相关的特殊特性。特殊特性是指那些一旦失效便会导致安全、法律法规或者功能影响，需要特殊管控的特性。在 PFMEA 中标识特殊特性，以便策划对它们的特殊管控。

在"产品和服务的设计和开发"的"设计和开发输出"章节，标准要求产品和服务的设计和开发的输出应包含 DFMEA。此项条款明确了设计和开发的潜在失效分析和风险降低是设计和开发的工作之一，而不是额外工作。

在"产品和服务的设计和开发"的"制造过程设计输出"章节，标准要求制造过程设计的输出应包含 PFMEA。此项条款明确了制造过程的潜在失效分析和风险降低是制造过程设计的工作之一，而不是额外工作。

在"生产和服务提供"的"控制计划"章节，标准要求制订控制计划时应考虑 FMEA 的输出，当 FMEA 变更时，需要评审，必要时更新控制计划。该项条款强调了 FMEA 中的控制措施需要转化到控制计划中进行详细策划。

在"生产和服务提供"的"过程控制的临时变更"章节，标准要求组织对过程控制的临时变更进行 FMEA 过程，以确定风险的大小并采取控制风险的应对措施。过程控制的临时变更意味着风险，该项条款要求用风险分析和控制的方法对临时变更进行管理。

在"不合格输出的控制"的"返工产品的控制"和"返修产品的控制"章节，标准要求组织对返工和返修进行 FMEA 过程，以确定风险的大小并采取风险的应对措施。返工返修意味着风险，该项条款要求用风险分析和控制的方法对返工返修进行管理。

在"监视、测量、分析和评价"的"制造过程的监视和测量"章节，标准要求组织对 PFMEA 进行验证，以确定其中的措施已经得到执行。FMEA 中的措施如果在现实中没有得到有效执行，实际的风险就不会像策划的那样得到降低，风险管理就失去了应该有的作用。因此，标准要求组织验证 PFMEA 措施的执行情况。

在"监视、测量、分析和评价"的"统计工具的识别"章节，标准要求组织确定的统计工具应包含在 FMEA 中，如控制图和过程能力分析等。统计工具能够及时地得到产品或过程的信息，发现肉眼难以察觉的变化。因此，统计工具的应用对质量预防具有重要价值，标准要求组织在 FMEA 中识别适用的统计方法。

在"内部审核"的"制造过程审核"章节，标准要求制造过程的审核需要对 PFMEA 的有效执行进行检查。FMEA 中的措施如果在现实中没有得到有效执行，实际的风险就不会像策划的那样得到降低，风险管理就失去了应该有的作用。因此，标准非常强调 PFMEA 措施的执行情况。

在"管理评审"的"管理评审输入"章节，标准要求管理评审的输入应该包含通过 FMEA 识别的潜在现场失效。现场失效是严重的事故，可能影响车辆行驶功能甚至人员安全。因此，它应该成为组织的重要关注点，标准要求管理层通过评审潜在的现场失效，从而在早期对其进行管理。

在"不符合和纠正措施"的"问题解决"章节，标准要求问题解决时，组织应该评审，必要时更新 FMEA。FMEA 可以给问题解决提供参考，问题解决也给 FMEA 提供了优化改进的机会，把经验教训更新进 FMEA 可以减少问题的再发生。

在"不符合和纠正措施"的"防错"章节，标准要求防错的使用细节应该包含在 PFMEA 中。防错技术是预防或探测失效的有效手段，标准强调了运用防错技术控制过程的风险。因此，防错的应用需要在 PFMEA 中加以识别。另外，为了维持防错技术的功能，需要在控制计划中定义对其验证的频率。

在"持续改进"的"持续改进"章节，标准要求组织对产品和制造过程的持续改进执行 FMEA。风险无处不在，同样存在于持续改进之中。执行 FMEA 可以降低产品和过程变更的风险。

1.1.6　VDA 6.3 的要求

VDA6.3 是德国汽车工业联合会发布的针对批量生产以及服务的过程审核标准，它在汽车行业具有重要的影响力，许多非德国汽车企业也在积极开展 VDA6.3 过程审核。VDA6.3 过程审核标准是通过对相应过程要素的提问表展开的。提问表提出了至少11条 FMEA 的相关要求。满足这些要求将会提高组织满足顾客要求的能力，赢得顾客满意，同时减少顾客以及过程审核中关于 FMEA 中的不符合项。因此，有必要理解 VDA6.3 对 FMEA 提出的要求。

"P3.3　是否详细策划了产品和过程开发的活动？"要求在产品和过程开发策划时，要包括 DFMEA 和 PFMEA 的策划。此项要求保证了 FMEA 工作按时开始和结束，从而及时降低产品和过程的风险。

"P4.1　产品和过程开发计划中的活动是否得到落实？"要求在开发阶段，需要用 FMEA 来保证产品和过程符合顾客对功能和可靠性等方面的要求。执行 DFMEA 过程时，此产品的生产工厂应该纳入 FMEA 团队中。特殊特性应该在相应的 FMEA 中识别，并采取措施确保符合性。

"P4.4　是否获得了针对产品和过程开发所要求的批准和放行？"要求 FMEA 中的措施已经得到执行，并确认了有效性。这是因为，只有措施在现实中得到有效落实，风险才能真正得以降低。

"P4.5　是否已制订并落实了产品和过程开发的制造和检验规范？"要求制造和检验特性需要考虑 FMEA 的结果，包含产品和过程开发中的特性。事实上，需要控制的特性是基于风险的思维精心策划的结果。

"P6.1.1　是否在开发和批量生产之间进行项目交接，以确保生产顺利启动？"要求 FMEA 得到更新和进一步的开发。也就是说，在量产前一般需要更新 FMEA，以反映产品和过程的实际情况并关闭优化改进措施，并补充 FMEA 遗漏的失效，及时补充预防和控制措施。

"P6.1.5　是否对量产过程中的产品或过程变更开展了跟踪和记录？"要求变更管理，从变更申请一直到变更实现，必须清楚地文档化，FMEA 得到更新。这是因为，FMEA 已经不能包含变化之后的情况，变化带来的风险需要在 FMEA 中得到分析并采取预防和控制措施。

"P6.2.1　控制计划的要求是否完整并得到有效落实？"要求检查特性必须得到定义，

影响产品特性或质量的过程参数也必须得到完全识别。此条虽然是对控制计划的要求，但由于 FMEA 是控制计划的主要输入，因此此条可以看成是对 P4.1 以及 P6.1.1 中"进一步开发" FMEA 的补充，对这些特性的研究将成为 FMEA 中的重要内容。

"P6.2.5　是否能确保材料或零件在流转过程中不发生混件或错件？"要求 FMEA 需要讨论混件以及错件的失效，并且定义预防和控制措施。

"6.5.2　是否对质量和过程数据开展了收集和分析？"要求导致产品或过程变更的事件应在 FMEA 中得到分析，并包含应采取的措施。

"6.5.3　一旦与产品和过程要求不符，是否分析了原因，并且验证了纠正措施的有效性？"要求了内部的不符合事件会触发对 FMEA 进行更新。

"P7.4　如果发生了与质量要求不符或投诉情况，是否开展了失效分析，并且有效地落实了纠正措施？"要求对于零公里和现场投诉需要采取满足顾客要求的投诉程序，其中包含了对 FMEA 的更新。

1.2　FMEA 成功的条件

1.2.1　领导的作用

管理者要为产品和过程的质量负责，而作为质量保证工具的 FMEA，其所有权必然属于管理者。为了发挥预防和控制的作用，管理者需要促进 FMEA 在本组织的有效运用，而这也符合质量管理体系要求的领导者需要在组织内促进基于风险的思维。

一个 FMEA 效果不佳的原因主要是 FMEA 开始得太晚、团队对 FMEA 方法或者对产品和过程的知识不足，FMEA 过程中需要的人力资源或者优化改进的预算不足，其后果就是本来可以预防或探测的失效没有预防或探测出来、研发或生产成本增加、顾客抱怨或索赔、产品召回甚至违反法律法规。而这些原因，没有领导的作用是解决不了的。因此，管理者在 FMEA 过程中需要促进 FMEA 的及时开始和及时结束，保证人力资源的供给，让具有资质的人员参加 FMEA 会议，基于风险思维进行策划，采取投资优化改进措施并追踪措施的执行情况。

1.2.2　把握时机

FMEA 是事前行为而不是事后操作。为了充分发挥 FMEA 事前预防的效果，越早开始 FMEA，就会越早发现设计和过程中的错误或不足，就会越早采取措施预防和控制它们，因此就越容易降低设计和过程将来的变更和失效成本。

通过 FMEA，早期就优化改进了设计和过程，那时候变更影响的范围较小，成本较低，概念设计阶段的变更甚至可以达到零成本。而到了后期，失效或改动影响的范围就大了，法律法规、顾客、产品、设备、工装夹具、原物料和供应商都可能受到影响，这必然涉及很多成本，并且可能遭遇索赔和法律责任。

因此，必须在设计和过程执行前或者变更前就完成 FMEA 并且执行其中的措施，只有这样才能让产品和过程运行过程中的潜在问题得到预防或控制。否则，问题还是会毫无阻碍地发生，而 FMEA 就会被迫沦为文档工作（Paper Work），失去它应该有的价值。

1.2.3　清楚要求

FMEA 的目的就是要确保必要的要求通过预防和控制措施最大可能地得以实现，而为了能够实现要求，首先需要知道这些要求。所以，清楚要求是 FMEA 的基础工作，如果这个工作没做好，要求可能得不到满足，顾客将会抱怨，生产的不良品会增加，FMEA 将会走向失败。

要求可以分为对 FMEA 方法的要求以及对产品或过程技术的要求这两种。前者例如顾客可能对 FMEA 方法、SOD 评价、优化改进的时机、FMEA 的书写语言等有自己的要求，后者例如相关方对产品或过程有功能、性能、特性、可生产性、可测试性、特殊特性等要求。

方法和技术的要求如果只是靠口头传送，很可能出现遗漏或错误，收集包含这些要求的资料是减少遗漏和错误的好方法。合同、图样、规范、物料清单、特殊特性清单、文件等是要求类资料的例子，要求类资料提出了 FMEA 的方法要求或者产品和过程的技术要求。在接下来的 FMEA 过程中，会使用要求的 FMEA 方法分析产品和过程的技术要求，从而保证这些要求最大可能地实现。

1.2.4　合适的团队

FMEA 是以团队为导向的工作，团队能避免个人知识、经验、能力和智慧的不足。所以，FMEA 不应该是由单个人完成的，而应该是团队工作的结果。FMEA 运用了团队的知识、经验、能力和智慧，最优化地识别问题、评价问题、提出优化改进措施，以降低设计和过程的风险。

一般来说，FMEA 团队可以分为核心团队成员和扩展团队成员。可以记录每次 FMEA 会议的日期以及参会人员的名单，以便控制会议的出席情况并让相关方产生对 FMEA 的信任。

核心团队成员需要一直参加 FMEA 会议，并且应该在 FMEA 会议之前准备好 FMEA 的结构分析和功能分析，以保证会议的效果和效率。他们是输入 FMEA 内容并保证方法和内容正确性的核心力量。

扩展团队成员按照需要被邀请到团队中来，他们可能不是一直参加会议。例如，需要澄清顾客要求时，可能会邀请销售或者顾客质量工程师；需要了解原物料的质量表现时，可能会邀请采购或者供应商质量工程师；需要了解自动控制系统时，可能会邀请信息技术工程师。

一方面需要保证团队成员的可用性，以便及时完成 FMEA；另一方面，也需要保证团队成员的知识和能力，最好能让设计或者过程专家参与 FMEA，这样能提高 FMEA 的质量并让 FMEA 内容成为组织永久的宝贵资产。

团队工作需要有人引导才能实现效果和效率的最大化，这个工作由主持人（或者叫引导者）担当。FMEA 主持人应是中立者，他在此项目中一般不承担技术或管理的职责，否则他就可能因为自身的暂时利益而有所偏向，例如，项目经理希望 FMEA 更早完成，设计或过程工程师想着措施少一点麻烦就小一点，这种偏向影响他们客观地识别、评价风险，提出优化改进措施。中立的 FMEA 主持人是成功 FMEA 的重要保证之一。

主持人需要理解 FMEA 方法，会应用 FMEA 软件，知道如何主持 FMEA 会议。他主要通过提问获得 FMEA 过程中需要的信息，并且管理整个团队在 FMEA 会议中的表现，处理可能发生的冲突。FMEA 主持人负责方法和格式上的正确性，而技术上的正确性则由设计工程师和过程工程师负责。

1.2.5　批判精神

FMEA 通过提出优化改进措施降低设计和过程的风险，而这一切均以识别和评价当前的风险为基础。如果过于乐观，认为设计或者过程不存在问题，那就不会提出失效；如果认为当前的风险很低，就不会在此基础上提出优化改进的建议。然而，实际的风险并不会因为人们主观上的过于乐观而有所降低，过于乐观带来的只是提出和实际风险大小不一致的应对措施。于是，风险就会因为没有得到适当管控而演变成现实中的问题。

所以，需要批判地评估设计和过程的风险，而做到这一点的方法是以事实和数据为基础，而不应该依靠主观的臆想。因此，FMEA 团队应该毫无隐瞒地识别所有需要控制的结构元素以及功能和要求，批判地识别失效，严谨地研究失效原因和影响，客观地评价风险大小，持续地改善设计和过程。

如果团队对某个失效的发生概率或者对某个检测方法的探测能力还不了解时，初期应当把它们评价为较高的风险，以采取更可靠的措施把这些不确定转化为确定，当了解清楚情况时，可以再更新对它们的评价。

1.2.6　落实措施

设计和过程风险并不会因为口头或纸面上的承诺而有所降低，只有在现实世界中扎实地完成 FMEA 中定义和计划的措施才能真正降低风险。为此，不仅要保证 FMEA 中定义的当前措施得到落实并达到预期的效果，还要执行新定义的优化改进措施，并追踪措施的效果。

FMEA 中的措施不仅要转化到计划文件中，以便对这些措施做更详细的计划，也要最终定义在执行文件中，以落实这些计划和措施。如果只在 FMEA 中定义措施而不去执行，那 FMEA 就被沦为文档工作，没有任何实际价值。

IATF 16949 汽车工业质量管理体系以及《AIAG VDA FMEA 手册》都认识到了落实措施的价值，它们都要求对 FMEA 中定义的措施进行追踪和验证。在各类质量审核中，检查 FMEA 中的措施和实际情况的匹配也一直是热点。如果发现措施的实际执行与效果和 FMEA 定义的有差异，需要及时采取行动弥补这些差异，以防止风险演变成现实的问题。

第 2 章

管理 FMEA 项目

项目是为创造独特的产品、服务或成果而进行的临时性工作。为了提高项目成功的机会，需要运用项目管理的方法来管理项目。由于 FMEA 工作需要满足相关方，例如顾客和组织的要求，涉及团队的工作，需要在一定的时间内完成，每个 FMEA 的内容或多或少都有所差异，所有这一切都符合项目的特征，所以，可以对 FMEA 工作进行项目化管理，从而提高 FMEA 成功的机会。

启动、策划、执行、监控、收尾是项目管理的五大过程组，其中，启动和收尾过程用来开始和结束项目，而策划、执行和监控遵循 PDCA 循环◯这种经典的管理方法。FMEA 七步法是系统化的 FMEA 工作方法，把五大过程组和 FMEA 七步法相结合，可以让 FMEA 过程变得清晰可控，从而实现预期目标。

2.1 启动 FMEA

2.1.1 触发 FMEA

当组织考虑内外部的需求，决定对自己的产品设计和生产过程运用 FMEA 降低风险之后，需要注意 FMEA 的触发条件以便及时启动 FMEA 过程。简单来说，有三个 FMEA 过程的触发条件，分别是出现新情况、发生变化、问题发生和解决。当前两个条件发生时，就需要在这些触发条件正式执行之前，创建或者检查更新 FMEA，以便早期就对它们施加影响；

◯ PDCA 循环的含义是将质量管理分为四个阶段，即 Plan（计划）、Do（执行）、Check（检查）和 Action（处理）。

当后一个条件发生时，就需要在问题解决之后，检查更新 FMEA，以便标准化控制方法，预防再发生和积累知识库。

出现新情况指的是产品或流程有了新要求、新运用、新设计、新过程或其他新元素。新要求需要分析这些要求不能被满足的风险，新运用需要分析在新的应用中可能发生的问题，新设计需要分析设计的错误和不足，新过程需要分析执行的错误。

发生变化是指这些要求、应用、设计或者过程和原先相比有了变更。这时候，由于这些变化，过去的分析已经不能完全适用于变化之后的情况，所以需要对这些变化及时重新或者更新分析，以便应对变化带来的风险。对变化进行 FMEA，既要分析这些变化对现有设计和过程的影响，也要控制这些变化实现起来的风险。

问题发生和解决就是指内外部发生了各种相关问题，这些问题可能发生在内部，也可能发生在顾客或者用户，它还包括收集或者接收了相关的经验教训。例如，内部检查或者测试发现了不良，顾客提出了抱怨，用户反馈了他们的遭遇，其他工厂或部门发生了可供参考的问题，这时候需要对当前的控制系统进行补充和优化，预防相同和相似的问题再次发生。其实，问题发生之前的 FMEA 就像一张织好的大网，力图捕获所有潜在的问题，但百密一疏，难免存在漏网之鱼。问题的发生和解决给这张大网的完善提供了绝好的完善机会，经过修补之后的 FMEA 更严密可靠，可以更好地应对将来的潜在问题。

2.1.2　任命负责人

FMEA 工作涉及三类负责人，分别是 FMEA 项目负责人、FMEA 方法负责人以及 FMEA 内容负责人。他们密切地协同工作才能把 FMEA 做好。为了简单起见，FMEA 项目负责人可以简称 FMEA 负责人。

FMEA 项目负责人作为 FMEA 团队的代表，管理整个 FMEA 过程和文档，为 FMEA 的成功和失败负责。FMEA 项目负责人一般由所对应产品或过程的项目经理担任，当项目结束之后，FMEA 负责人的工作由项目经理移交给设计工程师或过程工程师。当然，也有组织选择把 FMEA 负责人放在质量部门。不管怎样变化，FMEA 负责人的职责不变。

FMEA 方法负责人由 FMEA 主持人担当。主持人不负责对应产品或过程项目的技术或管理工作，但他需要保证 FMEA 方法运用的正确性。如果方法运用不正确，那 FMEA 的效果肯定会大打折扣。所以，需要 FMEA 主持人正确并且熟练地运用 FMEA 方法、FMEA 软件以及 FMEA 主持。

FMEA 内容负责人由设计或过程工程师担当，他们是输入 FMEA 内容的主要贡献者，其技术和经验越充分，若主持人引导得当，FMEA 的成熟度应该越高。当然，他们需要保证 FMEA 内容的正确性，需要保证 FMEA 中的措施按时完成并达到预期效果。

组织需要定义 FMEA 项目负责人、FMEA 方法负责人以及 FMEA 内容负责人。这可以在流程文件中定义，也可以在每个项目中定义。在流程文件中定义的好处是组织拥有统一的方法论，不需要在每个项目中再分别探索。

2.1.3　识别相关方

FMEA 项目负责人需要在早期就识别 FMEA 的相关方，以分析他们的需求，为 FMEA 的内容提供输入，取得他们对 FMEA 的支持甚至重视，削弱他们对 FMEA 的不利影响。典型的相关方有顾客、供应商、FMEA 团队、设计和过程经理、生产经理、质量经理等。

顾客可能对 FMEA 有方法的要求，对设计或过程有技术的要求，对设计或过程项目有时间的要求，需要了解他们的这些要求，以分析和满足这些要求，取得他们的满意并减少 FMEA 的返工。

供应商是组织零部件或服务的提供者，零部件或服务的质量对组织的产品质量有重要的影响，所以需要告知供应商组织对零部件或过程的技术要求以及对 FMEA 方法的要求。需要了解供应商对产品重要特性的预防和控制能力，如果他们对零部件或服务的控制不能达到预期效果并且不能改善，可以考虑在组织内部使用控制方法。

FMEA 团队是执行 FMEA 的主要力量，他们的知识、技能、态度和可用时间对 FMEA 的成功完成有至关重要的影响。需要事前了解团队成员对 FMEA 方法以及对设计和过程知识的了解程度，必要时需要对他们进行培训和介绍，甚至更换团队成员。此外，还需要了解他们在 FMEA 工作上的可用时间情况，以便策划 FMEA 在时间上的安排以及团队成员在不可用时的反应计划。

设计、过程和质量经理是组织的管理者，他们掌控资源，并做出 FMEA 工作的评价。需要让他们理解 FMEA 的意义并取得他们对 FMEA 的支持。为此，可以选择性地邀请他们参加 FMEA 会议；在 FMEA 执行过程中，向他们汇报 FMEA 的进展；在 FMEA 执行结束后，向他们汇报成果。

2.2　策划 FMEA

2.2.1　策划目标

在项目管理中，需要对项目的范围、进度、成本、质量、风险、资源、采购、相关方、沟通等各方面进行策划，FMEA 的策划工作可以参照进行。策划工作属于 FMEA 七步法中的第一步。

需要策划 FMEA 的范围，也就是确定需要分析的模块或过程。事先确定分析的模块或过程有四个作用：①可以降低将来分析遗漏的概率；②可以更准确地估算 FMEA 需要的时间，安排好进度；③便于资源的策划；④便于追踪和检查 FMEA 的完成情况。

需要策划 FMEA 的进度，这是及时完成 FMEA、及时降低产品和过程风险的基础。FMEA 需要的时间可以根据模块或过程的数目以及每个模块或过程需要的分析时间来估计，而每个模块或过程需要的分析时间可以参考历史经验获得。根据 FMEA 计划完成时间、一共需要的时间就可以策划 FMEA 的进度，即开始 FMEA 的时间、结束 FMEA 的时间，以及 FMEA 会议的频率。

在成本策划方面，如果需要在外部邀请主持人或其他人士参加 FMEA 会议，或者需要购买 FMEA 软件、在租赁的地方召开 FMEA 会议、为 FMEA 研讨会准备用品和食品等，可能需要付出成本，这时候就要对成本进行策划。

客体的一组固有特性满足要求的程度称为质量，FMEA 本身也有质量的要求，为了实现这些要求，就要对质量进行策划。所以，需要在 FMEA 开始之前就收集相关方对 FMEA 的要求以及包含它们的资料。FMEA 的要求分为对方法的要求以及对设计和过程的技术要求，前者例如对 FMEA 的执行步骤、风险评价准则、优化改进时机的要求，后者例如对设计或过程的功能、性能、特殊特性等要求。

FMEA 过程本身也有不确定因素，这些因素可能影响 FMEA 范围、进度、成本、质量目标的实现，需要在早期就对这些不确定因素进行识别和管理，并持续追踪和更新风险，以增加 FMEA 成功的概率。例如，FMEA 的要求可能识别得不全面，这会导致失效识别的遗漏以及相关方的抱怨；关键团队成员可能没有时间参加 FMEA 会议，FMEA 会议的效率低下或者 FMEA 的分析比预想的要困难，这些情况可能会影响 FMEA 的进度和质量；FMEA 中的措施可能没有及时完成或者没有预期有效，这会导致风险在实际中并没有真正地得到降低。可以对这些风险进行预防并且执行风险发生之后的反应措施。

2.2.2　策划资源

FMEA 是团队工作，获得必需的资源是 FMEA 工作的基础。所以，需要事先策划 FMEA 必要的人力资源和物质资源。如果需要的资源在组织内部不可得，可能还涉及采购外部资源的策划。

人力资源包括 FMEA 主持人、核心团队成员和扩展团队成员。选择主持人时，需要考虑主持人的资质要求。组织应该有文件定义 FMEA 主持人的认证要求并建立有资质的主持人清单。对核心团队成员，最好能让设计或者过程专家参与 FMEA，他们的能力和经验是成功 FMEA 的重要保证。选择人力资源之后，需要根据他们时间上的可用性以及进度安排，策划他们的参与计划。

物质资源包括会议室、投影设备、书写板和笔、辅助类资料等，这些物质资源使 FMEA 会议变得更加高效和简便。例如，样件、影像或三维模型可以让人对设计或过程拥有直观的理解，方框图或流程图可以帮助分析设计或流程的结构，功能或者工作步骤列表有助于分析设计或者过程的功能，问题解决或者经验教训报告可以强化失效分析，验证或者控制计划有助于识别当前的控制方法，失效统计和过程能力便于评估失效的风险，而其他可参考的 FMEA 可以给接下来的 FMEA 工作直接带来便利，并且引入经验教训。

由于资源经理掌握着资源的分配，而 FMEA 团队成员常常同时承担多个任务，因此他们常常顾此失彼、身不由己。所以，在策划资源之后，需要获得相关资源经理的同意，以保证团队成员源经理能出席 FMEA 会议贡献他们的力量。必要时，可以通过签字的形式同意资源的策划，例如，让资源经理参与签署 FMEA 策划书。

2.2.3 策划沟通

在整个 FMEA 的过程中，为了获得相关方的支持并执行 FMEA 中定义的措施，需要引导相关方合理地参与 FMEA 过程。需要和他们沟通 FMEA 的目的、进度和成果，了解他们的需求，还可以直接邀请他们参加 FMEA 会议。

管理者掌握着资源，并对 FMEA 工作做出评价，需要事先策划和他们的沟通时机以说明 FMEA 的意义，了解他们的需求，汇报 FMEA 进展以及成果。这些沟通可能是事先向他们介绍 FMEA 的作用，邀请他们参加 FMEA 策划会议，邀请他们参加高风险失效的讨论，向他们发送 FMEA 的进展信息，在结果文件化这个步骤向他们汇报 FMEA 的过程和成果。

工程师或者执行人员是 FMEA 内容的贡献者以及措施的执行人，当他们了解了 FMEA 的意义、工作程序以及需要采取措施的背景和内容之后，才会对设计和过程的风险降低贡献自己更大的力量。为此，需要策划和他们的沟通，以明确 FMEA 的意义、工作方法、风险的大小、定义的措施以及目标完成的时间等。

2.3 执行 FMEA

2.3.1 提前准备

FMEA 策划结束之后，需要按照策划的安排去执行。需要获取资源，组建团队，按照五个步骤完成 FMEA 的技术工作，即结构分析、功能分析、失效分析、风险分析、优化改进。

在每次 FMEA 会议之前，都要邀请相关团队成员参加会议，并拟定好会议主题和目标，为会议准备好人力资源以及物质资源，这包括 FMEA 软件、参考资料和会议设施等。

在第一次会议上，可以邀请 FMEA 主持人给项目团队介绍 FMEA 方法，邀请设计工程师或过程工程师给团队介绍设计或过程的概况，从而建立起大家的共同语言和基本知识，提高 FMEA 会议的效果和效率。

FMEA 的执行主要通过团队会议进行，建议在会议之前，负责设计和过程的工程师准备好设计或过程的结构分析和功能分析，质量工程师准备好相似产品或过程的问题解决和经验教训，因为他们对这些内容最为熟悉，是这些内容的主要贡献者。会前准备好这些内容，可以提高 FMEA 会议的效率和效果。在会议上，团队对这些准备好的内容进行解读和评审，然后做必要的补充和更新，再在此基础上做失效和风险分析，进而优化和改进当前的设计和过程。

2.3.2   主持 FMEA

FMEA 团队需要按时参加 FMEA 会议，这样便于大家步调一致，准时开始和结束会议。否则，先到的就要等待后到的，浪费的时间可不止单个人等待的时间，而应该是先到的人员数量乘以平均等待时间。况且，有了这次经历，团队成员大多倾向于不及时到会，这将造成恶性循环并且使他们失去对待 FMEA 的认真态度。FMEA 负责人以及 FMEA 主持人对这种现象应该及时阻止，以免这种现象的影响逐渐扩大。可以通过控制 FMEA 会议的出席情况培养和维持大家对 FMEA 工作的重视和激情。

FMEA 会议主要通过主持人提出问题、团队成员回答问题的方式进行。提问可以分为开放式提问和封闭式提问，开放式提问不预设答案，而封闭式提问则相反。FMEA 会议主持过程主要用开放式提问，开放式提问一般以 5W2H（What、Why、Who、When、Where、How、How Much）这些疑问词开头，主要目的是为了获取信息。例如，我们接下来要讨论什么？我们如何设计产品或运行过程？为什么这么设计产品或运行过程？有什么功能或失效？如何预防或探测失效？风险大小如何？如何优化改进设计或过程？谁是责任人？什么时间完成？预期或实际的效果如何？当然，主持过程也会用到封闭式提问，这类提问的答案通常是肯定或者否定的答复，主要用来确认信息。例如，产品或过程的功能是这样的吗？失效描述正确吗？

FMEA 会议并不总是依靠语言沟通信息，由于人脑对视觉信息的处理更加迅速和容易，所以，在讨论的过程中，如果要讲述复杂的内容，可以运用可视化的方法，这样就很容易让大家接受和理解。例如，可以把讲述的内容绘制下来，把书写的内容演示出来。作为可视化的运用之一，在举行 FMEA 会议时，建议相关团队成员可以携带样件、模型或影像资料。这样，团队成员很容易直观地理解产品的结构、功能，也能在现场想象和模拟可能发生的问题。

2.3.3　执行措施

计划完优化改进措施，接下来就要在现实世界中执行这些措施。由于优化改进措施针对的不是已经发生的问题，因此可能让人虚假地认为这些措施并不急迫，而且这些措施是由团队计划而不是上级安排的任务，似乎也让措施负责人缺少行动的动力，因此，在执行阶段最容易发生的问题是拖延。

拖延的直接结果就是不能按时完成优化改进措施。于是，高风险不能及时降低，设计或过程一直在高风险下运行，常在河边走哪有不湿鞋？于是，这些风险可能演变成实实在在的问题，导致失效成本增加，顾客投诉降临，甚至造成更加严重的后果。因此，没有合理理由的拖延者真应该为将来的损失承担责任！

拖延者可能给出看似合理的理由：每天太忙，根本没有时间做优化改进措施。看看他们的工作内容，你会发现，他们每天做的很多工作都是解决问题，那这些问题如何而来？其实，现在的大部分问题都是当初没有做好预防造成的。同样地，今天没有做好风险预防，明天还要解决更多的问题。拖延者虚假地认为自己的忙碌很有成就，其实这种成就是让组织在将来承受更多的问题，让大家承担问题发生之后的各种损失，让组织（特别是管理者）接受说不定哪天忽然降临的法律责任。所以，按时执行优化改进措施绝对是重要的工作，绝对不可忽视！

不管执行人是自己，还是供应商，都要明确优化改进措施的目标完成时间以及这些措施希望达到的效果。越是重要和复杂的措施越要趁早做，趁早做才能为实际发生的问题留下足够的解决时间，这样才能在目标完成时间之内完成优化改进措施。同时，在执行措施之前还要设想一下可能出现的风险，例如，会不会损坏工装夹具？会不会干预相关设置？提前做好预防和探测措施，争取一次就做到位并减少各种负面影响。

不仅优化改进措施需要按时按效果完成，FMEA 中的当前措施也需要在实际中定义和执行。所以，需要把当前措施转化到计划文件中做进一步的计划，然后把这些措施落实到执行文件和实际当中去。FMEA、计划文件、执行文件、实际产品和过程，它们之间的信息应该保持一致，否则措施就可能没有评估到位或者落实到实处，不能真正降低设计和过程的风险。

2.3.4　总结沟通

为了巩固 FMEA 会议的成果，不至于散落在会议的讨论之中或者随着会议的结束而消失，需要在会议当中时不时地总结目前的信息和结论。必要时，需要记录这些总结的信息、结论和成果，让这些信息、结论和成果在相关方之间传递、保留下来，并产生成果。每次会议结束之后，需要及时发送会议的成果给团队成员或相关管理者，以让他们确认成果以及对这些成果的再利用。

为了持续获取管理者对 FMEA 的支持，需要按照定义向他们汇报 FMEA 的进展以及成果。在和管理者沟通的过程中需要准备好相关的话题和内容，并认识到自己代表的是整个团队，所以要显示出充分的信心，否则会让管理者认为团队的能力不足或者大家对 FMEA 工作缺乏努力，进而产生对 FMEA 团队的怀疑。当然，这并不是说要在管理者面前吹嘘自己的成功，而是要实事求是地把风险和应对措施揭示出来。

工程师或者执行人员是 FMEA 内容的贡献者以及措施的执行者，需要按照定义告诉他们 FMEA 的意义、工作方法、目前分析所处的位置、分析的结果等。为此，需要在每次 FMEA 会议的开始讲明此次会议的主题和目标，在每次会议的尾声总结分析的内容和接下来的工作计划，并发送邮件作为备忘。

2.4 监控 FMEA

2.4.1 监控绩效

执行 FMEA 的同时，需要伴随监控过程，否则 FMEA 项目将会走偏道路，达不成预期目标。监控 FMEA 的目的是监视和测量 FMEA 的过程以及结果，如果发现有偏离目标的风险或者已经发生了偏离，需要及时采取应对措施，从而让 FMEA 继续走在正确道路上。

FMEA 主持人或 FMEA 负责人需要监控 FMEA 会议过程中团队成员的表现，如果大家过多讨论无关话题或者某位成员总是缺席、迟到或专注于自己的事务之中，就需要把他们及时引导到话题中来参与讨论。如果主要的团队成员不熟悉所讨论的内容，那就要求他事先准备相关内容或者让懂得相关内容的人员参与进来。否则，FMEA 会议将会因为浪费了时间而失去了效率，由于得不到所有团队成员应该有的贡献而失去效果，这将导致 FMEA 的进度和质量目标难以达成。

2.4.2 处理冲突

在 FMEA 的会议过程中，主持人和 FMEA 负责人还要管理相关方可能发生的冲突。例如，在失效分析或风险分析时，设计工程师、过程工程师和质量工程师很可能因为对风险的观点和态度不同而产生冲突。虽然适当的冲突有利于冲突各方充分表达自己的看法，但如果任由冲突发展，不及时解决的话，冲突不光影响 FMEA 的效率，还会损害团队成员之间的友好关系。所以，及时解决不必要的冲突是非常必要的。

一般认为，解决冲突可以分为问题解决、让步补偿、服从权威、暂时搁置等方式。

如果时间允许，一般用问题解决的方法解决冲突。这时候需要了解各方的关切点，调查问题发生的原因，创造性地满足各方的要求，消除问题的根源。例如，如果因为评价的风险大小不同产生了冲突，可以询问冲突各方如此评估的理由，然后大家充分讨论这些理由的合理性。

而让步补偿的方法一般适用于为了顾全大局，舍弃相对来说不太重要的事物的场合，条件允许时，甚至可以考虑给予舍弃方适当的补偿以维持他们的积极性。例如，为了适应某位团队成员的会议时间，主持人可能会牺牲自己原本的工作计划。

服从权威指的是大家倾向于遵守既定的规则以及更高职位的管理者、具有专门知识的专家，可以用这些权威引导冲突方的态度、认识和行为。例如，当大家始终不能对风险大小产生一致意见时，可以采用相对较大的风险评估，当说明了公司的文件已经采取了如此规定，大家的冲突就解决了。

如果前面几种方法处理冲突都不太见效，那么可以考虑暂时搁置冲突，待到日后解决。很多时候，情绪会影响理性，当冲突被搁置后，大家会从负面情绪中解脱出来，这时候再重新审视自己的理解，有可能产生不一样的观点，这将有利于冲突的解决。

2.4.3 检查措施

FMEA 负责人需要监控当前措施的执行情况以及效果，以保证风险一直保持在期望状态。由于 FMEA 中的风险评价是建立在当前措施基础之上的，如果在 FMEA 中定义的当前措施在实际中并没有执行或者没有有效执行，那评估出来的风险将会小于实际的风险，于是，基于风险的管理将会失效，潜在问题由于没有得到有效控制而演变成现实问题。

FMEA 负责人也需要追踪优化改进措施的执行情况以及效果，以保证风险真的得到及时降低。如果当前风险过高，FMEA 会定义降低风险的优化改进措施，还会为这些措施定义目标完成时间、责任人以及目标风险状态，如果这些措施不能按时完成或者完成得没有期望的有效，那过高的风险将不能得到及时降低，从而导致问题的出现。

如果经过检查，当前措施或优化改进措施没有执行或者没有预期有效，就需要记录这些发现，然后定义纠正措施、责任人和计划完成时间，以弥补这些差距。接下来需要继续追踪它们的执行，并在执行完成后再次验证效果。

对措施的检查结果以及所采取的措施需要向管理层汇报，其作用是增强团队成员执行措施的动力，从而保证风险真正得到降低。

2.4.4   监控目标

最后，为了实现 FMEA 项目的范围、进度、质量目标，FMEA 负责人需要根据 FMEA 项目计划阶段性地自检或者和团队一起检查 FMEA 在这些方面的进展，并向相关方报告。

如果发现内容缺少，那就需要补充缺少的分析内容。一般不建议把这些内容安排进现有的计划而推迟其他已经计划好的议程。建议另行安排会议时间以完成这些缺少的内容，否则可能会打乱 FMEA 团队既定的工作计划。

如果发现进度偏慢，那就需要采取措施赶上工作进度。这些措施可能是提高会议效率、增加会议次数或者增加资源等，而不是减少 FMEA 的范围或者降低 FMEA 的质量。追赶进度可能会增加团队成员的工作强度，因此需要事先取得他们的理解和支持，必要时，获取管理层的帮助。

如果发现质量不满足要求，首先需要确定 FMEA 的影响范围，然后分析质量不满足的原因。针对不满足要求的影响范围，需要采取补救措施；针对不满足要求的原因，需要采取措施避免问题的再次发生。例如，检查发现 PFMEA 没有标识顾客定义的特殊特性，确定的影响范围是某过程，没有标识的原因是该团队不清楚顾客的特殊特性，于是，需要向该团队介绍特殊特性的处理方法，并在该过程标识特殊特性。

2.5   收尾 FMEA

2.5.1   结果文件化

经过结构分析、功能分析、失效分析、风险分析、优化改进等技术过程，为了揭示风险内容并标准化应对措施，需要将 FMEA 的分析过程和结果展现出来，并形成文件。FMEA 文件不仅包含 FMEA 封面和 FMEA 的主体内容，还包含体现风险分布的各种统计信息、优化改进措施清单等附件。

为了提高风险管理的有效性并批准优化改进的建议，需要让管理层参与到 FMEA 中来，这就要求向管理层汇报 FMEA 的过程和结果。汇报的内容可能包含高风险内容以及它们的应对措施，管理层会对这些内容提出意见，他们也许会提出对进一步改进措施的需求或者积极地接受风险。

完成了 FMEA 的主要工作，不管结果如何，其中必然有值得学习的地方。为了在今后的 FMEA 项目中取得好成绩，需要总结 FMEA 过程中的良好实践和经验教训，例如，反思做得成功或顺利的地方在哪里？为什么会取得这样的成功或顺利？做得不太好或不顺利的地方在哪里？为什么会做得不太好或不顺利？在接下来的 FMEA 项目中，需要保持、提升、开始和停止的做法分别是什么？

2.5.2　移交 FMEA

在移交 FMEA 之前，可能需要对 FMEA 做再一次的更新。因为在 FMEA 刚创建时，设计或过程的研发尚处在早期阶段，接下来团队成员会对设计和过程的认识逐渐加深，设计和过程本身也可能发生一些变更，这些因素都要求更新 FMEA 以反映团队最新的知识、经验，反映设计和过程的最新状态。

当设计或过程项目结束之后，项目工作转化为运营工作，相应地，FMEA 也需要做好移交工作，以继续指导产品和生产的运营，让产品和过程一直处于低风险的状态之下。

首先是责任的移交。FMEA 的负责人会由项目经理转为设计和过程工程师，设计和过程工程师需要在将来负责 FMEA 的维护。当发生 FMEA 的触发条件之后，设计或过程工程师需要邀请 FMEA 团队继续进行 FMEA 过程。

然后是 FMEA 的移交。当项目经理把 FMEA 转交给设计和过程工程师时，需要告知他们本产品和过程 FMEA 的数量和各自的名称，以免他们遗漏了 FMEA 的管理，失去及时管理风险的机会。

项目经理需要告知设计工程师和过程工程师产品和过程在项目阶段发生过的问题，毕竟问题已经发生过了，顾客绝不希望它们再次发生，组织内部也不希望一直被它们困扰。如果问题已经解决，那么告知设计工程师或过程工程师可以让他们对问题的应对措施进行维护以保证它们一直有效。如果问题还没有得到解决，那么告知设计工程师或过程工程师可以让他们对该问题保持关注，从而在将来提出改进措施。

FMEA 中的高风险项如果一直没有得到有效管控，那么很容易在实际中演变成真正的问题。为了让设计工程师或者过程工程师理解高风险内容并继续保持关注，需要告知他们高风险内容以及原因，并告知他们目前的应对措施。

优化改进措施的目的是降低风险，追踪措施的完成情况，是促成风险及时降低的有效手段，所以，当设计或过程项目结束时，如果 FMEA 中还有未完成的措施，需要将这些措施也移交给设计或过程工程师，以便他们继续完成或追踪这些措施。

2.5.3　持续更新 FMEA

FMEA 项目虽然已经移交，但 FMEA 过程并不会因此而停止。事实上，FMEA 是活的文件，它将一直伴随着产品和过程，为它们保驾护航，将产品和过程的风险保持在合理的范围。FMEA 更新的时机至少包括产品或过程出现新情况、发生变化、问题解决。

　　如果产品和过程出现了新情况，由于这些新情况包含着风险，需要识别这些风险进而采取应对措施。所以，需要在这些新情况执行之前更新 FMEA。

　　如果产品和过程发生了变化，由于变化会带来风险，需要在这些变化执行之前，运用 FMEA 识别变化带来的风险并采取应对措施降低风险。

　　即使发生了问题，也需要预防问题的再发生，所以在问题解决的过程中，需要运用 FMEA 记录已经采取的措施，评估该问题残留的风险并计划新的措施。这些发生过的问题和定义的措施记录在 FMEA 中，为本产品和过程或者将来的项目提供经验教训，成为组织宝贵的资产。

　　最后，随着产品和过程的运行，组织对它们的认识越来越深入，风险状态也会发生变化，这些都决定着组织运用 FMEA 来反映最新认识以及监控风险，都可能导致 FMEA 的更新。

　　所以，FMEA 的更新时机可分为事件触发型和时间触发型。如果产品或过程出现新情况、发生变化、问题解决，这些事件会触发 FMEA 过程。此外，还可以设定一定的时间间隔，在这个时间到来时，把得到的认识和最新的风险状态更新到 FMEA 之中，并决定是否需要进一步的优化改进措施。

第 3 章

执行 DFMEA

3.1　策划和准备

设计的错误或不足不仅会导致产品发生问题，也会使生产和服务产生困扰。这些问题和困扰不光会给用户带来影响，也会让生产者蒙受损失：前者，例如产品的感官让人愤怒、预期的功能无法实现、人员的安全受到威胁；后者，例如生产和服务不能流畅进行、不良品大量产生、返工返修或报废居高不下。如果这些影响和损失发生了，顾客会抱怨甚至索赔，组织信誉会下降，运营成本会增加，组织或个人甚至要承担法律责任。

DFMEA 是预防以上问题和困扰的一种方法。DFMEA 分析产品、部件以及接口在整个生命周期可能发生的由于设计的错误或不足导致的潜在失效，进而在设计发布前就策划和执行优化改进措施来降低产品的风险，从而降低问题的发生概率，提高问题的可控性。

DFMEA 不仅记录过去发生过的设计问题，还更多地包含了对未来可能发生问题的探讨。所以，设计人员只是反思历史上发生过的设计问题，这其实并不是真正的 DFMEA。事实上，有个单词 "Potential"，意思是 "潜在的"，在 DFMEA 这些英文单词之前被省略了。也就是说，DFMEA 讨论的是在关注领域之内（例如质量领域）的所有可能发生的设计问题，而不管它们是否已经发生过，也不管它们的轻重缓急（轻重缓急在接下来的风险分析和优化改进步骤中自有区别对待）。

当新设计、设计变更或者发生和解决了设计问题这些触发条件产生时，就应该启动 DFMEA 过程。为了让 DFMEA 工作进行得有条不紊并实现满足相关方的要求，需要对 DFMEA 方法、过程和成果进行策划和准备，从而为实现 DFMEA 的范围、进度、成本、质量等目标打下坚实的基础。因此，策划和准备（Planning and Preparation）是 DFMEA 七步法中的第一步，开始这一步才算启动了整个 DFMEA 过程。

3.1.1　收集要求

要求是指明示的、隐含的或必须履行的需求或期望，质量管理的首要关注点就是满足相关方在质量方面的要求。作为设计上预防质量问题的工具，DFMEA 的本质就是通过预防和控制设计的失效更大可能地满足质量要求，因此，策划和准备的第一项工作就是收集这些要求。在策划和准备阶段收集完整且正确的质量要求，可以减少接下来 DFMEA 工作的缺失并降低返工的概率。

要求按来源可以分为法律法规要求、行业要求、顾客要求和内部要求。法律法规要求来源于法律法规文件或标准，一般是对安全和环保的规定；行业要求一般来源于行业标准，很多时候包含了行业内的良好实践；顾客要求来源于顾客合同、规格文件，例如产品的功能和性能要求、特殊特性等，不满足这些要求会导致顾客抱怨；内部要求来源于组织的内部文件或规定，例如产品需要满足可生产和可测试的要求。

值得注意的是，法律法规、行业规范、顾客和企业内部不仅对产品有技术要求，而且对 DFMEA 本身也可能有要求。例如，可能对 DFMEA 方法、评价准则、优化时机、DFMEA 验证、DFMEA 团队和批准等有要求，不满足这些要求可能会导致 DFMEA 质量不佳、成为各方审核的不符合项、DFMEA 被迫返工等。

表 3-1 总结了要求的来源和类别，收集包含这些要求的文件或信息是策划和准备阶段中的重要工作。

表 3-1　要求的来源和类别

来源	类别	
	技术要求	FMEA 要求
法律法规	来源于法律法规文件或标准，例如安全和环保的要求、汽车安全玻璃标准	法律法规虽然没有直接提出对 FMEA 的要求，但其中的产品责任、合同法和失效预防与 FMEA 相关联
行业	来源于行业标准，例如汽车转速传感器标准	来源于质量管理体系要求、FMEA 标准或手册，例如 IATF 16949、VDA 6.3、FMEA 手册
顾客	来源于顾客合同、规格文件等，例如产品的功能和性能要求、特殊特性	来源于顾客合同或文件，例如顾客对 FMEA 方法、评价准则、优化时机、FMEA 验证等的要求
内部	来源于组织内部文件或规定，例如产品可生产和可测试的要求	来源于组织内部文件或规定，例如对 FMEA 团队、模板、评价和批准的要求

3.1.2 策划范围

做项目需要对范围进行管理，否则很容易因为多做或少做工作造成项目失败。同样的道理，DFMEA 也需要事先策划范围。策划 DFMEA 范围就是事先决定需要做 DFMEA 分析的产品模块和零件。如果没有对此做策划，而是直接进入分析细节，很可能出现以下问题：一是很容易因为缺少大局观而造成分析遗漏，二是很难据此准确定义 DFMEA 的工作计划，三是不能据此检查 DFMEA 的工作是否已经完成。所以，在触发 DFMEA 过程，明确了相关方的要求之后，就需要事先策划 DFMEA 的分析范围。

如果 DFMEA 是由新设计触发的，那么分析范围是这些新设计的全部组成部分；如果 DFMEA 是由设计变更触发的，那么分析范围是变化本身的设计以及由这些变化影响的其他设计；如果 DFMEA 是由设计问题触发的，那么分析范围是这个设计问题以及由这个问题引起的设计变更。需要注意的是，如果 DFMEA 定义的优化改进措施造成了设计变更，也需要对这些变更继续进行 FMEA 分析。

建立了 DFMEA 的分析范围之后，如果对每个部分的分析平均用力，那么由于时间、精力和资源的限制，分析的总体效果和效率必定令人难以满意。所以，推荐的方法是先确定各个部分的分析优先度，重点部分重点关注。一般的指导思想是，那些有安全或法律法规影响的、创新程度比较大的、可靠性要求比较高的部分需要重点关注，因为这些地方要么容易发生问题，要么一旦发生问题，影响就特别巨大。

3.1.3 策划进度

及时完成 DFMEA 并据此对设计进行优化改进是经济有效地降低产品风险的重要保证。一般来说，在项目的策划阶段就要策划 DFMEA 工作，在理解了产品设计概念之后就可以开始 DFMEA，而在产品设计冻结之前需要完成 DFMEA。

DFMEA 中可能包含了还未完成的优化改进措施，这些优化改进措施的目的是进一步降低设计风险。为了让这些措施在产品的运行中发挥作用，需要在生产工装开始准备之前完成这些措施。

和项目的其他工作一样，策划的 DFMEA 开始时间和完成时间也需要在项目计划中做记录，以便进行宏观管控。而为了更精确地指导日常的 DFMEA 工作，在确定了 DFMEA 时间的大框架之后，可以根据分析范围和每个部分所需的分析时间策划更详细的 DFMEA 工作计划。例如，从某个时间开始，每周安排两次 DFMEA 会议，每次会议持续两小时，每周完成一个模块或零件的分析。表 3 - 2 给出了 DFMEA 详细计划的一个模板。

表3-2 DFMEA 详细计划的模板

工作	时间（第　周）													
	××周	××周	××周	××周	××周	××周	××周	××周	××周	××周	××周	××周	××周	××周

3.1.4　策划资源

做任何事情都需要资源，DFMEA 工作也是如此。可以把 DFMEA 工作需要的资源分为人力资源和物质资源，它们是执行 DFMEA 的必要条件或者给 DFMEA 工作带来便利。

DFMEA 工作的人力资源主要指 DFMEA 团队，其组成又分为核心团队和扩展团队。核心团队一般需要始终参加 DFMEA 会议，是 DFMEA 信息的主要输入者；扩展团队则按照需要参加会议。

核心团队一般包括主持人、项目经理、设计工程师和设计质量工程师。整个团队在主持人的带领下，通过主持人的提问和团队成员的回答以及讨论展开 DFMEA 工作。项目经理总体负责整个项目工作，其中当然也包括 DFMEA。设计工程师是设计的责任人，他们理解设计的意图以及实现方法，是 DFMEA 会议过程中技术信息的主要提供者。设计质量工程师的职责是管理设计的质量，在 DFMEA 过程中，他们关注质量的策划、质量保证和控制的方法和效果。

过程工程师和过程质量工程师是 DFMEA 的扩展团队成员，当 DFMEA 讨论的主题和生产相关时，需要邀请他们以提出生产对设计的要求以及限制，从而实现可生产和可测试的要求，避免将来额外的生产成本和设计变更。

每个 DFMEA 都有其负责人。在项目阶段，DFMEA 的负责人由项目经理担当；当项目结束后，DFMEA 的负责人由项目经理转交给设计工程师。DFMEA 负责人不仅负责 DFMEA 的内容，而且需要管理 DFMEA 的整个过程，包括组建 DFMEA 团队、邀请 DFMEA 会议、保证 DFMEA 按时按质完成、验证 DFMEA 内容、追踪 DFMEA 定义的优化改进措施、文件化 DFMEA 的结果等。

为了减少 DFMEA 工作中产生的误解，提高会议的效果和效率，有必要让 DFMEA 团队了解 DFMEA 方法，减少团队成员之间的分歧。因此，可以给他们安排专门的 DFMEA 培训，也可以在 DFMEA 的首次会议上，由 DFMEA 主持人给大家进行讲解，回答他们的困惑。

为了打造坚强有力的 DFMEA 团队，在 DFMEA 的首次会议上，建议 DFMEA 负责人向团队介绍项目的概况以及项目的意义、管理层的支持、DFMEA 的策划结果、团队成员简介、团队的任务和规则，这有利于增强团队的自豪感、归属感和责任感。

其中，团队规则有利于指导和规范团队成员的行为，从而营造出积极的工作氛围。例如，团队规则可能规定了会议前需要准备相关工作，准时出席会议，如果不能参加会议，至少提前一天通知 DFMEA 负责人；会议时聚焦会议主题，不做无关事项，按时完成优化改进措施等。

策划和准备了人力资源，还需要为 DFMEA 工作策划和准备物质资源，包括 FMEA 软件、参考资料和会议设施等。物质资源不但能提高 DFMEA 的质量，也给 DFMEA 工作提供了便利。

DFMEA 既可以在普通的表格软件里制作，也可以使用专业软件。使用表格软件的好处是不需要额外投资，也不需要特定的软件操作培训，缺点是不利于发挥 FMEA 七步法系统化的分析效果。专业软件虽然需要投资和学习，但好处是显而易见的：它可以和 FMEA 方法的每个步骤无缝对接，促进 FMEA 过程的可视化和流畅性，提高 FMEA 的完整性和创造性。另外，专业软件提供的统计、过滤和筛选功能也为结果的分析提供了便利。有些专业软件还同时包含方框图、过程流程图、参数图、验证计划和控制计划等工具，这有利于这些文件之间信息的传递，实现这些文件内容的完整性和一致性。

参考资料包含要求类资料和辅助类资料。通过前述步骤收集的要求如果只是靠口头相传，很可能出现遗漏或错误，准备那些包含这些要求的资料是减少遗漏和错误的好方法。合同、图样、规格、特殊特性清单等都是要求类资料的例子。辅助类资料将在 DFMEA 工作中起到辅助作用。它们要么增强团队对设计的理解，要么增进 DFMEA 每个步骤的分析。三维模型、方框图、参数图、问题分析报告等都是辅助类资料的例子。表 3-3 总结了常用的参考资料以及它们对 DFMEA 的作用。

表 3-3　常用的参考资料及其作用

资料名称	主要内容	对 DFMEA 的作用
要求类文件，比如合同、图样、规格、特殊特性清单	产品技术要求类文件包含产品的功能、性能和属性等要求 DFMEA 要求类文件包含对 DFMEA 方法、过程和结果的要求	有助于识别需要满足的要求，把这些要求整合到结构和功能中去，从而为实现这些要求建立基础，减少将来的内外部抱怨和失效成本
物料清单（BOM）	包含产品的组成和数量	有助于产品结构元素的识别并减少遗漏
方框图（Block Diagram）	包含产品的内外部元素和交互作用	有助于产品结构元素的识别并减少遗漏；显示的交互作用为功能的识别建立基础
产品功能清单	包含产品功能的描述	有助于产品功能的识别并减少遗漏
参数图（Parameter Diagram）	包含产品功能的输入和输出以及产品功能的干扰因素	有助于产品功能描述，并且为失效原因的识别建立基础

（续）

资料名称	主要内容	对 DFMEA 的作用
产品失效统计	包含相似产品历史上发生的失效模式和发生频次	有助于检查失效模式是否遗漏，并且评价发生度
问题解决报告（例如 8D 报告）和经验教训报告	包含发生过的问题的因果关系以及采取的措施	评价和吸收问题解决和经验教训报告中问题的因果关系以及措施，有助于预防问题的再发生
存在的验证计划和报告（DVP&R）	包含验证产品设计的测试项目、接受标准、测试方法、样本大小、测试结果等内容	有助于开发 DFMEA 中的预防和探测措施
其他可参考的 DFMEA	包含 DFMEA 中的各个元素	吸收类似产品设计的经验教训以及良好实践，提高 DFMEA 过程的效率
基于失效模式的设计评审（DRBFM）	包含设计的变更点、可能带来的失效因果关系以及采取的控制措施	DRBFM 通过与成熟设计相比较的方式，深入分析变更可能带来的设计失效，因此可以辅助 DFMEA 对变更的分析
样件、3D 模型或影像	显示产品的外观、组成部分和组成关系	有助于团队直观地理解产品的结构、识别产品的功能和失效

就会议设施来说，DFMEA 工作还需要在安静的场所借助一些视觉化的工具进行，例如投影设施、白板、板擦和书写笔等。安静的场所可以让团队聚焦主题，积极思考。投影设施可以把主题、分析过程和结果实时展现出来，便于触发团队的思考和确认信息的正确性。在讨论过程中，遇见难以讲述或理解的信息时，可以用书写笔在白板上把这些信息绘制出来。一图往往胜过千言万语，当这些信息直观地展现在团队面前时，大家马上就能正确理解了。

3.1.5 制订策划书

策划和准备为 DFMEA 的开始和执行创造了有利条件，这个阶段的工作内容可以用它的名称来概括：策划指的是计划 DFMEA 的工作，包括内容策划和时间策划。内容策划包括策划 FMEA 的类型、相关方的要求和分析范围；时间策划包括策划 DFMEA 的开始时间、结束时间以及每次会议的安排。准备包括准备好 DFMEA 执行中需要的人力资源和物质资源，如 DFMEA 团队、DFMEA 软件、参考资料和会议设施等。策划和准备工作是做好 DFMEA 的必要条件之一。

如果是全新的 DFMEA，策划和准备的相关事宜推荐以书面的形式总结出来，甚至让相关的资源经理批准。书面化的总结是策划和准备这一步骤重要的成果，每个组织都可以用自己的方式给这份书面化文件命名，例如 FMEA 立项书、FMEA 策划书、FMEA 合同等。书面化的益处是通过固定的模板避免策划和准备的遗漏，为将来的执行提供行动指南。批准的目的是让相关方履行承诺并保证策划和准备的正确性，不至于走偏道路。表 3 - 4 给出了 DFMEA 策划书的一个模板案例。

表 3 - 4　DFMEA 策划书模板案例

DFMEA 策划书	
项目	
产品	
项目节点	
FMEA 类型	
FMEA 范围：	
FMEA 任务：	
FMEA 时间安排：	
FMEA 要求和资料：	
技术要求和资料：	
团队和职责：	
策划时间和签字：	

3.1.6　完成表头

　　表头是 DFMEA 的基本内容，它识别了所涉及产品以及 DFMEA 的基本信息。其中，"公司名称"和"工程地点"定义了负责此设计的组织，"顾客名称"定义了产品交付的组织；"车型年/项目"识别了产品所属的项目，"主题"识别了 DFMEA 分析的对象；"DFMEA 开始日期"和"DFMEA 更新日期"分别记录了 DFMEA 的创建和最后修改时间，"跨职能团队"记录了创作或修改此 DFMEA 的团队成员；"DFMEA 编号"提供了识别此文件的唯一号码，"设计责任"显示了设计的联系人，而"保密等级"提示了此文件的保密程度。表 3 - 5 给出了 DFMEA 表头的一个模板案例。

表 3 – 5　DFMEA 表头模板案例

公司名称		主题			
工程地点		DFMEA 开始日期		DFMEA 编号版本	
顾客名称		DFMEA 更新日期		设计责任	
车型年/项目		跨职能团队		保密等级	

3.1.7　DFMEA 策划和准备案例

　　DFMEA 的策划和准备可以分为以下四个步骤：一，收集相关方（尤其是顾客）对 DFMEA 的方法要求以及对产品的技术要求，并准备好相关资料；二，策划 DFMEA 的范围和进度；三，策划和准备 DFMEA 过程中需要的人力和物质资源；四，把策划的结果记录在策划书中并获得批准。

　　ECU（Electronic Control Unit），中文名称为电子控制单元。作为汽车的大脑，ECU 是现代汽车的核心部件之一。ECU 随时监视着汽车输入的数据和运行的状态，再把这些信息进行处理，然后传递给相关执行机构，执行各种预设的控制功能。

　　×××汽车部件有限公司正在研发一款刮水器电子控制单元，其主要作用是控制前后刮水器的电动机，从而实现清洁汽车前后车窗玻璃的目的。公司目前正处在产品研发阶段。

　　项目经理在项目的策划阶段就开始策划 DFMEA 工作并收集了产品的技术要求和 DFMEA 要求。在理解了产品设计概念之后，项目经理邀请 DFMEA 主持人、设计工程师和质量工程师参加 DFMEA 策划会议。

　　在会上，项目经理首先介绍了项目背景；接下来，团队通力合作制订了表 3 – 6 所示的 DFMEA 策划书，就 DFMEA 的范围、任务、时间、要求、资料、团队和职责达成了一致意见。从策划书可以看出，此 DFMEA 的分析范围是插接器、印制电路板、电动机插针、盖体四个零件。为了在产品设计发布日期之前完成此 DFMEA，团队需要每周召开时长两小时的会议，一共需要召开 12 次会议。相关方对 FMEA 方法没有特殊要求，体现产品和过程技术要求的图样和技术规范等需要准备好备用。项目经理、FMEA 主持人、设计工程师和质量工程师是此 DFMEA 的核心团队成员，他们需要保质保量地完成策划书中定义的职责。

表 3-6 DFMEA 策划书案例

FMEA 策划书	
项目	刮水器 ECU123
产品	刮水器电子控制单元
项目节点	产品设计发布日期：××××年××月××日，量产日期：××××年××月××日
FMEA 类型	DFMEA

FMEA 范围：
包括插接器、印制电路板、电动机插针、盖体四个零件的分析。

FMEA 任务：
创建包括插接器、印制电路板、电动机插针、盖体这四个零件的 DFMEA。其中，插接器的分析参考相似产品的 DFMEA122。

FMEA 时间安排：
××××年××月××日开始会议，××××年××月××日之前完成 DFMEA 并获得批准。每周一次时长两小时的会议，预期共 12 次会议完成。

FMEA 要求和资料：
遵照行业通用的 FMEA 方法，没有特殊要求。

技术要求和资料：
会前准备好图样、技术规范、特殊特性清单、方框图、DFMEA122、相似产品的 8D 报告、样件。

团队和职责：
1. 项目经理：×××
主要职责：邀请 FMEA 会议、收集方法和技术要求、保证 FMEA 按时开始和完成、追踪优化改进措施、组织 FMEA 验证、组织 FMEA 报告、送批 FMEA。
2. FMEA 主持人：×××
主要职责：主持 FMEA 会议、生成 FMEA 文档、FMEA 方法咨询。
3. 设计工程师：×××
主要职责：DFMEA 的主要输入者、保证当前措施的正确性、按时完成优化改进措施。
4. 质量工程师：×××
主要职责：参加团队会议，客观识别和评价风险、提供经验教训。

策划时间和签字：
××××年××月××日上午 10：00
签字：××× ××× ×××

　　为了更精确地指导日常的 DFMEA 工作，在确定了 DFMEA 的计划完成日期之后，团队制订了更详细的 DFMEA 工作计划。完成的 DFMEA 工作计划参见表 3-7。从详细计划可以看出，团队为每个零件的分析安排了三次会议；每个零件分析结束后，立刻就安排了这部分的实际验证工作；DFMEA 完成之后，还安排了向管理层汇报以及批准工作。

表 3 - 7　DFMEA 详细计划案例

工作	时间（第　周）														
	2 周	3 周	4 周	5 周	6 周	7 周	8 周	9 周	10 周	11 周	12 周	13 周	14 周	15 周	16 周
策划和准备															
插接器分析															
印制电路板分析															
电动机插针分析															
盖体分析															
验证 DFMEA															
报告 DFMEA															
批准 DFMEA															

　　会议的最后，团队填写了 DFMEA 表头，识别了所设计的产品以及 DFMEA 的基本信息。最终，在文件中呈现的表头见表 3 - 8。

表 3 - 8　DFMEA 表头案例

公司名称	×××汽车部件有限公司	主题	刮水器电子控制单元设计		
工程地点	×××	DFMEA 开始日期	××××年××月××日	DFMEA 编号版本	DFM12345 V01
顾客名称	×××	DFMEA 更新日期	××××年××月××日	设计责任	×××
车型年/项目	刮水器 ECU123	跨职能团队	见 DFMEA 团队清单附件	保密等级	机密

3.2　结构分析

　　"结构"定义为事物各个组成部分的搭配和排列。世界上所有人、事、物都处在一定的结构之中，常见的组织结构图就清晰地表明了组织的结构，它形象地反映了组织内各机构、各岗位上下左右之间的关系。结构中各个组成部分称为结构元素，与组织结构图中的机构和岗位一样，结构元素之间也存在着上下层次以及相同层次的逻辑关系。

　　分析产品实现时，首先要识别相关要求，然后再分析这些要求的实现方式。在策划和准备步骤，已经收集了要求，现在要考虑它们的实现了，而考虑实现的第一步就是要明确由谁实现这些要求。这时只看到产品的整体是不够的，必须要深入到它们的内部结构，因为正是这些结构元素最终实现了这些要求。

产品的结构分析（Structure Analysis）就是把产品按层次进行分解，然后把得到的结构元素按照层次分明的形式展现出来。于是，上层元素包含下层元素，下层元素属于上层元素。这些不同层次的结构元素将成为分析工作中具体要求的实现者；反过来说，如果设计中存在潜在问题，肯定是因为某些结构元素存在问题。所以，结构元素既是要求的承担者，又是潜在问题的发生者，结构分析为接下来的功能分析和失效分析建立了人员或物质基础，结构分析的价值正在于此。

作为接下来分析的基础，如果结构分析有遗漏或错误，接下来的分析也将会出现缺失或偏差。所以，适当的结构分析非常重要。作为结构分析的基本工具，运用方框图和结构树可以把结构元素识别得完整且清晰。

3.2.1　准备方框图

方框图是一种图形化的分析工具，它可以把产品的内部组成部分宏观地展现出来，进而描绘出它们之间以及它们和外部元素的交互作用。方框图的作用是帮助人们更容易理解设计的结构以及功能的交互作用，进而减少将来功能和失效分析的遗漏，而这些都是有效问题预防的基础。因此，方框图是 DFMEA 中结构分析的重要工具。

在方框图中，用方框分别表示产品的每个组成部分；用带有箭头的直线表示这些组成部分之间，以及它们和外部元素之间的交互作用，其中，箭头方向代表交互作用的方向；最后，用包围住分析对象的封闭线条表示分析的边界，只有被设计团队设计或者控制的部分才会被放在此边界之内。

制作方框图简单来说有以下几个步骤：1）用方框和文字描述产品的组成部分。2）用带有箭头的直线和文字描述这些内部元素的交互作用。一般来说，有材料转移、能量转移、信息转移、物理连接以及物理间隙这几种交互作用类型，了解这些交互作用类型，可以减少交互作用识别的遗漏。3）加入外部元素并描述它们和内部元素的交互作用，外部元素可能是其他系统的结构元素，或者生产、服务、顾客、环境、法规等。4）画出区分内外部元素的边界线。

图 3 - 1 展示了对方框图的说明。在这个说明中，所研究的产品包含了三个模块，它们之间存在交互作用，共同实现产品的功能。同时，产品和外部系统也存在交互作用，生产、顾客和环境也影响着产品功能。通过制作方框图，产品的组成部分、内外部的交互作用一目

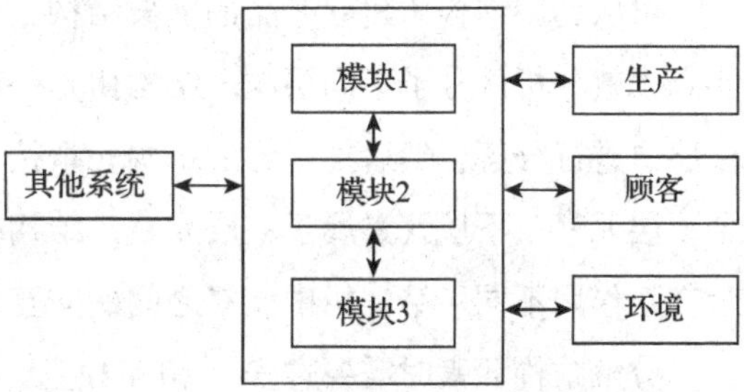

图 3 - 1　对方框图的说明

了然，这对研究产品的结构以及功能和失效的因果关系大有裨益。

制作方框图时，需要避免遗漏边界线内外的组成部分以及交互作用。方框图是接下来产品分析的基础，方框图的缺失可能会造成结构分析、功能分析以及失效分析的遗漏，于是，产品设计可能因为缺少预防和控制而发生问题。

3.2.2　建立框架

方框图虽然描述了产品的组成部分，然而分解产品结构时，至少要建立三个层次的结构元素。因为只有这样，才能在此基础上形成失效影响、失效模式和失效原因三个层次。当然，也可以建立更多层次的结构元素，但层次越多，分析的工作量越大。

典型的 DFMEA 结构分析实际是分解产品的过程，它把产品分解为一个个模块，再将一个个模块分解到设计元素，一共三个层次。当然，有的 DFMEA 会从产品的上一层系统开始分解，但道理是一样的，只是产生的结果深入程度不一样罢了。

模块可以是按照物理组成区分的机构模块，比如零部件，也可以是按照功能分类的功能模块，比如供电模块。前者在机构对象的结构分析中经常用到，后者在电路或软件等抽象对象的结构分析中经常用到。

设计元素是设计的细节，在结构分析中属于较低层次的元素。可以把最小功能单元或零件作为设计元素，也可以把最低层次的尺寸、材料、表面等特性作为设计元素。

结构分析具体要分解到多么详细的层次，取决于实际的需求。本书建议，如果模块的设计比较复杂，影响因素数量众多，难以穷尽这些因素，那么推荐把最小功能单元或零件而不是特性作为最低层次的结构元素。这样做的好处是，在失效分析时，可以不受拘束地识别失效；否则，虽然在结构和功能分析时具体识别了特性，但在失效分析时，只能限制在这些特性的范围内识别失效，难以识别产品在噪声因素下可能出现的失效，这将造成失效遗漏。

如果设计的产品结构比较单一，不能再分成更多的模块，由于这时可能只有两层结构，不能形成原因、模式和影响三个层次，那就需要在此元素之上再增加它的上一层元素。上一层元素可能包含它的更高一级元素或者顾客。

可以利用结构树建立产品的框架结构，这不仅是为了完成结构分析，也是为接下来的功能和失效分析区分了不同层次。结构树是一种简单地表示产品结构的图形化方法，它把产品按层次进行分解，然后把得到的结构元素按照层次分明的形式展现出来。于是，上层元素包含下层元素，下层元素属于上层元素，结构树建立了清晰的产品框架。与方框图可以直接表示交互作用不同，结构树中元素之间的交互作用需要靠接下来的功能描述来完成。

分解结构元素时需要遵守"相互独立、完全穷尽"的原则，即相同层次的元素间没有包含和重复的关系，也没有遗漏产生。相互独立是为了精确分析结构元素的功能和失效，而完全穷尽是为了所有元素都有被分析的机会，不会产生遗漏。

　　分析时，可以在 FMEA 专业软件中直接生成结构树以完成结构分析，然后再以结构树为基础进行接下来的功能分析和失效分析。如果使用表格软件制作 DFMEA，结构树也是很好的分析工具，这时候，可以用表格软件或者纸张绘制出结构树，并且一直运用在结构分析、功能分析以及失效分析中。图 3 - 2 展现了结构树形式的结构分析。

　　FMEA 的结果最终以表格的形式呈现，如果用专业 FMEA 软件制作 DFMEA，DFMEA 完成之后才需要生成表格，而如果是用表格软件进行，则 DFMEA 的每一个步骤都需要立刻生成表格。生成表格时首先需要确定关注元素，关注元素是处于分析中心的研究对象，将来会以它为立足点分析上下层元素，分析上下层功能以及失效的原因和结果。所以，关注元素处在因果关系的中心位置，是重点

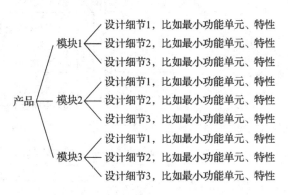

图 3 - 2　结构树形式的结构分析

要保证的对象。一般来说，会选择方框图中的组成部分作为 DFMEA 的关注元素。

　　结构分析在表格软件中则是以不同列的形式表达不同层次的结构元素，中间列是关注元素，它的左边列是关注元素的上层元素，而右边列是关注元素的下层元素或特性。表 3 - 9 显示了用表格形式进行的结构分析。其中，关注元素是模块 1，它的上层元素是产品，而下层元素或特性是设计细节 1、设计细节 2 和设计细节 3。

表 3 - 9　表格形式结构分析

上层元素	关注元素	下层元素或特性类型
产品	模块 1	设计细节 1
		设计细节 2
		设计细节 3

　　在进行结构分析时，需要避免关注元素的遗漏。如果发生了遗漏，就不会主动去预防和控制这些模块的潜在问题，于是潜在问题就很容易变成现实问题。实际经验也的确证明如此，例如有些时候发生顾客抱怨或者产品报废，调查原因才发现 DFMEA 遗漏了出现问题的模块。因此，检查结构有没有遗漏，一直是顾客和质量管理体系审核的热点。

　　在 DFMEA 中，容易遗漏的是相对来说比较细小的模块，比如产品的标签、螺丝等，因此，需要仔细审查产品的结构，从而避免出现遗漏。在将来的 DFMEA 验证中，也需要检查这些容易遗漏的部分有没有在 DFMEA 中得到分析。

3.2.3 DFMEA 结构分析案例

DFMEA 结构分析可以分为以下两个步骤：1）建立方框图；2）选定关注元素并建立设计结构。

策划和准备完毕之后，团队对刮水器电子控制单元（ECU）进行了结构分析。他们首先绘制了如图 3-3 所示的方框图。

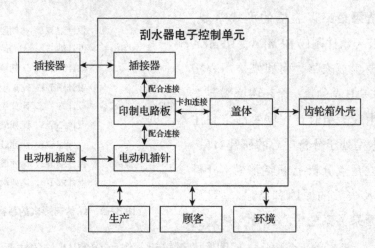

图 3-3 刮水器电子控制单元方框图

从方框图可以看出，刮水器电子控制单元由插接器、印制电路板、电动机插针和盖体组成。插接器传递汽车的信号给印制电路板，印制电路板进行信号处理，再通过电动机插针把信号传递给电动机，从而实现控制刮水器电动机的作用。其中，插接器和电动机插针分别配合连接印制电路板，而印制电路板通过卡扣安装在盖体上。

就电子控制单元和外部的交互作用而言，盖体要和顾客端的齿轮箱外壳装配在一起，实现固定和密封的效果。电子控制单元的插接器要和汽车端插接器相连，电动机插针要和电动机插座相连，从而实现信号的传递。此外，刮水器电子控制单元还会受到生产、顾客使用以及环境的影响，并与它们产生交互作用。

绘制了刮水器电子控制单元的方框图之后，团队用结构树建立了它的框架结构，如图 3-4 所示。

从结构树可以清晰地看出，团队把刮水器电子控制单元作为第一层结构元素，把组成它的插接器、印制电路板、电动机插针和盖体作为第二层元

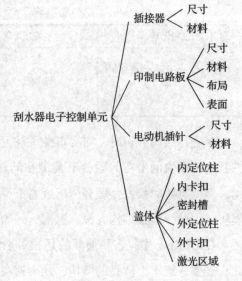

图 3-4 结构树呈现的 DFMEA 结构分析案例

素；接下来，团队把特性作为插接器、印制电路板和电动机插针的设计细节。与众不同的是，团队认为盖体的结构复杂，影响因素众多，所以他们把盖体的最小功能单元，即内定位柱、内卡扣、密封槽、外定位柱、外卡扣、激光区域作为设计细节，放在了第三层，这些最小功能单元影响盖体的功能。

团队选择插接器、印制电路板、电动机插针和盖体作为关注元素，并在表格中进行结构分析。其中，以盖体为关注元素的结构分析见表 3-10。表中以盖体为分析对象，它的上层元素是刮水器电子控制单元，它的下层元素或特性分别是内定位柱、内卡扣、密封槽、外定位柱、外卡扣和激光区域。

表 3-10 表格呈现的 DFMEA 结构分析案例

上层元素	关注元素	下层元素或特性类型
刮水器电子控制单元	盖体	内定位柱
		内卡扣
		密封槽
		外定位柱
		外卡扣
		激光区域

3.3 功能分析

收集了相关要求，考虑了由谁实现之后，接下来就要分析如何实现这些要求。其实，要求的实现无非两种途径：要么结构元素需要拥有某些功能，要么结构元素受到某些限制。而功能分析（Function Analysis）就是要分析这两种途径。具体来说，功能分析就是立足于不同层次的结构元素，识别它们的功能和要求，并连接这些具有因果关系的功能和要求的过程。同时，这也相当于产品的功能和要求被分解到各个组成部分的功能和要求，并一直分解到最下层元素的功能和要求。

就上下层具有因果关系的功能和要求来说，上层功能和要求得以实现的原因是下层相应的功能和要求得以实现，而下层功能和要求实现的目的是为了实现相应的上层功能和要求。也就是说，上下层对应的功能和要求具有目的和原因的关系。

功能分析确定了结构元素需要实现的功能和要求以及它们之间的因果关系，作为接下来失效分析的基础，如果功能分析有遗漏或错误，接下来的分析也将会出现缺失或偏差。所以，适当的功能分析非常重要。作为功能分析的基本工具，常见的功能类型、参数图和功能网可以把功能识别得完整、清晰。

3.3.1　识别功能

功能总结了研究对象需要做的事情，比如刮水器电子控制单元的功能之一是"发出信号起动刮水器电动机"。功能着眼于动作，所以描述一个功能需要以动词开头，后面跟着表示受动对象的名词。而为了实现正确的功能，接下来还要说明对功能的要求。要求可能来自组织内部，也可能来自外部，比如来自顾客的要求或者法律法规的要求。所以，完整的功能描述是动词 + 名词 + 要求。

为了准确地把握产品设计的界限并减少失效识别的遗漏，需要精准地识别功能的期望范围，所以，要求的各个方面也应该得到体现。比如，对起动刮水器电动机这个功能，既有时机的要求，也有角度的要求，还有速度的要求，对要求的各个方面都应该分别定义清楚。因此，对前述功能的完整描述是"根据信号命令，发出信号起动刮水器电动机，让电动机以 360°在 × 速度范围内旋转"。这里的"根据信号命令"是对时机的要求，"360°"是对角度的要求，而"× 速度范围内"是对速度的要求。

很多功能都能体现为输入和输出的转化关系，它们能把施加给分析对象的输入转化为它的输出。对于这样的功能，首先需要识别分析对象的输入和输出，然后把功能描述成把输入转化为输出的关系。利用图 3 - 5 所示的功能示意图可以厘清结构元素这样的功能。在这种情况下，对功

图 3 - 5　功能示意图

能的理解正好对应功能的英文单词"function"的另外一个意思，即函数，函数恰恰表达了自变量和因变量的关系。上述刮水器电子控制单元的功能描述其实就是基于输入和输出的转化关系，刮水器电子控制单元的输入是信号命令，输出是起动刮水器电动机的信号，让电动机可以 360°在 × 速度范围内旋转。

值得注意的是，有些功能没有明显的输入和输出的转化关系，这时也不能忽略这种功能。描述这种功能时，直接描述它们的作用和要求即可。例如，刮水器电子控制单元另外一个功能是"提供电子控制单元元件号和生产信息的识别"，在这种功能里看不出明显的输入和输出的关系，但可以直接把这种功能描述成作用。

结构分析时已经识别了所有的结构元素，功能分析里要识别每个结构元素的所有功能。应当注意，描述功能时，需要立足于所研究的结构元素，对象的不同层次也决定了功能的不同层次。我们经常犯的一个错误是把结构元素的功能描述成它下层结构元素的功能。为了避免这个错误，当描述结构元素的功能时，应当把它当成黑匣子——我们看不到它下层的所有元素，只能把它作为一个整体来描述其功能。

识别功能时，应该避免功能的遗漏。产品或零部件的功能一般可以分为主要功能、次要功能、个体功能、防止损害功能和自我保护功能，利用产品或零部件功能类型表（表 3 - 11）可以减少功能识别的遗漏。

表 3 - 11　产品或零部件功能类型

功能类型	解释	例子
主要功能	研究对象的基本功能	根据信号命令，发出信号起动刮水器电动机，让电动机以 360°在 × 速度范围内旋转
次要功能	非主要功能，比如提升研究对象吸引力的功能	根据信号命令，实现刮水器电动机的多种旋转速度
个体功能	作为个体，可生产、可识别、可安装、可携带和可存储等功能	在零部件厂、组装厂和汽车厂具有可安装性
防止损害功能	防止对用户、环境等造成损害（比如振动、噪声、气味、污染、伤害等）的功能	释放电磁波和抵抗电磁干扰，符合电磁兼容性的要求
自我保护功能	防止自己遭受损害的功能	保护电子控制单元和电动机，免受机械、电气、热应力和内外介质带来的损害

如果使用的是 FMEA 专业软件，识别和记录功能可以同时进行；如果使用的是表格软件，推荐在某处记录识别的功能，以便连接功能时作为参考。表 3 - 12 展示了用表格软件制作的结构元素、功能和失效汇总表，其目的是记录下识别的结构元素、功能和失效。表格中，高低层次的结构元素从左往右排列，"结构元素"列后面的"功能和要求"列是为了在功能分析时识别此结构元素所有的功能和要求，而"失效"列是为了在失效分析时识别对应功能和要求所有的失效。不同层次的功能、要求以及失效的识别和记录为将来连接这些功能和失效的因果关系建立了牢固基础，而不是在连接功能和失效时，把功能和失效的识别建立在浅层意识和记忆上。

表 3 - 12　结构元素、功能和失效汇总

上层元素			关注元素			下层元素		
结构元素	功能和要求	失效	结构元素	功能和要求	失效	结构元素	功能和要求	失效

3.3.2　识别特性

要求分为功能性要求和非功能性要求，前者通过功能来实现，后者通过限制设计的自由

度来实现。为了实现相关方的要求，首先需要把要求转化为功能性要求，对于不能转化为功能的要求，需要识别为非功能性要求，然后赋予其相应的结构元素。

特性是非功能性要求的特殊表达形式。特性指事物特有的性质，一般可以用词语或单词来表达，比如刮水器电子控制单元的重量、颜色或尺寸就是特性，一般在图样或其他规格文件中可以表达它们。因此，用特性来表达要求显得非常清晰和简洁。

功能和特性可能存在着因果关系，功能的实现受特性的影响。所以，很多设计最终都要落实到特性的选择上，特性是功能实现的根本原因。因此，特性通常是设计的最基本要素，设计图样上标识的往往就是产品的各种特性。比如，要使电子控制单元的内定位柱实现限制印制电路板移动的功能，需要选择合适的内定位柱尺寸和内卡扣尺寸，这些尺寸都是特性，它们在图样上也有定义。

3.3.3 制作参数图

当某个功能和众多因素相互交错时，无论是功能描述，还是接下来的失效分析都难以把握，很容易顾此失彼，造成失效识别的遗漏。参数图作为一种图示技术，分析了待研究的功能以及影响因素，它既考虑了细节，又给 FMEA 团队提供了关于这个功能的大局观。因此，当需要时可以制作参数图帮助功能分析甚至失效分析。

参数图包含了以下四个组成部分。

1) 功能的输入和输出。输入和输出的识别为功能描述建立了基础，输出还分为期望的输出和非期望的输出，非期望的输出有利于识别一些潜在失效。

2) 功能和要求。建立在将输入转化为输出的基础上，功能描述了研究对象预期实现的任务。而要求的识别限定了功能，也限定了设计，同时也为失效的识别建立了基础。

3) 噪声因素。噪声因素是那些影响设计，但设计工程师又不能直接控制的因素。如果不能为设计提供一定的稳健性，噪声因素可能导致设计出现问题。因此，对合理范围内噪声因素的应对不足也是失效原因的一部分来源。

4) 控制因素。控制因素是那些为了提高设计的稳健性，设计工程师可以改变的设计参数，指出这些参数有利于识别设计元素。

就噪声因素来说，它们会影响功能的实现。一般有五大噪声因素可能影响产品的功能。

1) 个体差异：生产过程中难免存在干扰因素的影响，产品及其零部件就难免存在不可控的波动。

2) 时间变化：产品或其零部件会随着时间的流逝而发生功能退化。

3）顾客使用：顾客可能会错误安装或误用产品。

4）外部环境：产品处在不同的温湿度、振动、灰尘等环境之中。

5）系统交互：产品和其他系统有交互作用，交互作用可能来源于其他系统的正常或非正常工作。

噪声因素可能来源于系统内部，也可能来源于系统外部，上述五大噪声因素的前两类来源于内部，后三类则来自外部。

图 3-6 给出了设计参数图的参考说明。

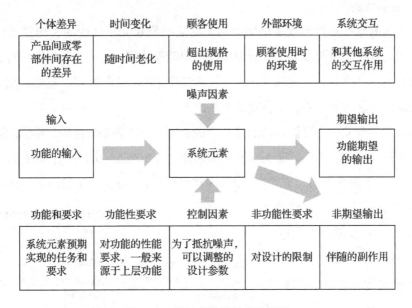

图 3-6　设计参数图的参考说明

由于制作参数图需要一定的时间和精力，如果有些功能不太复杂，不需要大局观就能很好地进行设计，则不需要对这些功能进行参数图分析。一般的指导思想是，对复杂的、创新程度和可靠性要求比较高的功能，应当制作参数图帮助分析。

其实，即使不书面制作参数图，用参数图的思考方法在头脑中分析功能和失效也很有收获。这种思考方法可以帮助团队清楚地理解功能和要求，广泛探索功能的影响因素，全面识别潜在的失效。

3.3.4　连接功能

单纯地识别每个结构元素的功能并不能建立功能的实现方法，而且失效的因果关系建立在功能的相关性之上，孤立的功能描述并不能确定失效的机理，因此，在识别完每个结构元素的所有功能之后，需要分析上下层元素功能之间的因果关系，即连接不同层次有因果关系的功能。

在连接某个结构元素的功能时，可以借助于识别了每个结构元素功能和要求的结构树或者结构元素、功能和失效汇总表进行。需要在下层元素的功能中寻找此功能的实现方法，而在上层元素的功能中寻找此功能的目的。在连接功能时，需要保证下层功能的充分必要性。也就是说，连接的下层功能对被连接的上层功能来说都是必要的，如果没有必要，那就是功能浪费；连接的所有下层功能也要是充分的，只要下层功能实现了，连接的上层功能就应该实现，否则，即使控制住了下层功能的所有失效，也不能保证上层功能得以实现。

连接在一起的众多功能形成了功能网络。功能网络建立了功能的实现方法以及实现目的，这为失效的发生和发展提供了分析框架。当功能连接完成之后，如果发现有的功能没有建立起因果关系，那么要么是遗漏了功能，要么产生了不必要的功能。总之，结构元素所有的功能都应该建立起因果关系，处在功能网络之中。

功能分析在专业软件中可能以功能网的形式展现，而在表格软件中，功能的因果关系则会以不同列的形式表达，中间列是关注元素的功能，左边列是它的目的，而右边列则是它的实现方法。图3-7展现了用功能网形式进行的功能分析，表3-13展现了用表格形式进行的功能分析。其中，关注元素模块1的功能被置于已用粗线框出的中心位置或中间列；右边与其连接的功能是这个功能实现的原因，它们来自下一层次的结构元素；左边与其连接的功能，是上一层次的结构元素受此影响的功能。

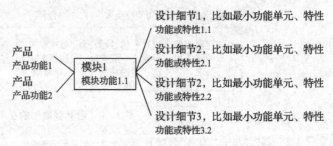

图3-7　功能网形式的功能分析

表3-13　表格形式的功能分析

上层功能和要求	关注元素的功能和要求	下层功能和要求或特性
产品功能1	模块功能1.1	功能或特性1.1
		功能或特性2.1
产品功能2		功能或特性2.2
		功能或特性3.2

值得注意的是，结构元素的功能很多时候不止一个。在功能分析时，需要避免功能的遗漏。如果发生了遗漏，那么就不会分析它们的失效，就不会主动去预防和控制这些潜在问题，于是潜在问题就很容易变成现实问题。

在 DFMEA 中，容易遗漏的是内部结构元素之间以及内部元素和外部元素（比如其他系统、生产、服务、顾客、环境、法律法规）之间的交互作用转化而来的功能和要求，可以借助方框图的思考方法减少这些遗漏。在将来的 DFMEA 验证中，也可以检查这些容易漏失的部分有没有在 DFMEA 中进行分析。

3.3.5　DFMEA 功能分析案例

DFMEA 的功能分析可以分为以下三个步骤。1）为复杂的、创新程度或可靠性要求比较高的功能建立参数图，对于其他功能，也可以运用这种思想来指导分析。2）识别每个结构元素的功能和要求，对于不能被功能包含的要求，需要用非功能性要求，比如特性来识别。3）连接上下层具有因果关系的功能和要求，形成功能网络。

结构分析完成之后，团队对刮水器电子控制单元进行了功能分析。为了揭示刮水器电子控制单元主要功能所处的背景，团队为刮水器电子控制单元制作了图 3-8 所示的参数图。通过参数图的制作，团队对刮水器电子控制单元的功能要求和影响功能的噪声因素有了清晰的理解。

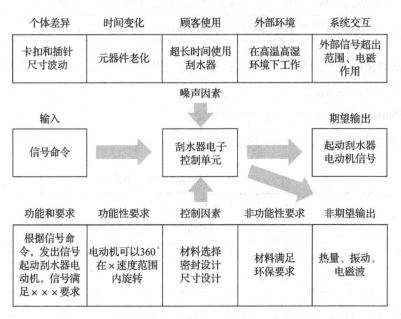

图 3-8　刮水器电子控制单元参数图

团队利用功能类别表识别了所有结构元素的功能和要求，对于不能被功能包含的要求，他们还识别了非功能要求，其目的是保证所有必要的质量要求都能被 DFMEA 分析到。他们把识别出来的每个结构元素的功能和要求，都记录在了 FMEA 专业软件中或结构元素、功能和失效汇总表中。

团队识别刮水器电子控制单元的功能和要求有：1）根据信号命令，发出信号起动刮水器电动机，让电动机以360°在×速度范围内旋转。

2）根据信号命令，实现刮水器电动机多种旋转速度。

3）在零部件工厂、组装厂和汽车厂具有可安装性。

4）保护电子控制单元和电动机免受机械、电气、热应力和内外介质带来的损害。

5）释放电磁波和抵抗电磁干扰，符合电磁兼容性要求。

这些功能和要求的记录见表3-14。

表3-14　刮水器电子控制单元功能和要求汇总表

上层元素		
结构元素	功能和要求	失效
刮水器 电子控制单元	根据信号命令，发出信号起动刮水器电动机，让电动机以360°在×速度范围内旋转	
	根据信号命令，实现刮水器电动机多种旋转速度	
	刮水器电子控制单元在零部件工厂、组装厂和汽车厂具有可安装性	
	保护电子控制单元和电动机免受机械、电气、热应力和内外介质带来的损害	
	刮水器电子控制单元释放电磁波和抵抗电磁干扰，符合电磁兼容性要求	

团队识别盖体的功能和要求有：1）按照××××的要求，安装和固定印制电路板，水平和垂直移动不大于×××mm。

2）盖体和齿轮箱外壳组装，实现密封效果。

这些功能和要求的记录见表3-15。

表3-15　盖体的功能和要求汇总表

关注元素		
结构元素	功能和要求	失效
盖体	按照××××要求，安装和固定印制电路板，水平和垂直移动不大于×××mm	
	盖体和齿轮箱外壳组装，实现密封效果	

团队识别内定位柱的功能和要求有：1）限制印制电路板的水平移动，限制的水平移动不大于×××mm。

2）组装时，内定位柱通过印制电路板的定位孔引导电路板安装。

识别内卡扣的功能和要求有：1）限制印制电路板的垂直移动，限制的垂直移动不大于×××mm。

2）组装时，受印制电路板边缘压力的作用，内卡扣逐渐打开，当距离盖体一个电路板厚度时，内卡扣关闭，卡扣上印制电路板。

这些功能和要求的记录见表 3-16。

表 3-16　内定位柱和内卡扣功能和要求汇总表

下层元素		
结构元素	功能和要求	失效
内定位柱	限制印制电路板的水平移动，限制的水平移动不大于 ××× mm	
	组装时，内定位柱通过印制电路板的定位孔引导电路板安装	
内卡扣	限制印制电路板的垂直移动，限制的垂直移动不大于 ××× mm	
	组装时，受印制电路板边缘压力作用，内卡扣逐渐打开，当距离盖体一个电路板厚度时，内卡扣关闭，卡扣上印制电路板	

识别完每个结构元素的所有功能和要求后，团队开始在上下层结构元素间连接具有因果关系的功能和要求。对盖体"按照 ×××× 要求，安装和固定印制电路板，水平和垂直移动不大于 ××× mm"功能，在 FMEA 专业软件上团队用功能网进行的功能分析如图 3-9 所示。

图 3-9　功能网呈现的 DFMEA 功能分析案例

从功能网可以清晰地看出，关注元素盖体的功能"按照 ×××× 要求，安装和固定印制电路板，水平和垂直移动不大于 ××× mm"需要下层元素内定位柱的功能"限制印制电路板的水平移动，限制的水平移动不大于 ××× mm"和内卡扣的功能"限制印制电路板的垂直移动，限制的垂直移动不大于 ××× mm"才能实现。而盖体这个功能的目的是为了实现或者影响刮水器电子控制单元"保护电子控制单元，在设计范围内，避免机械、电气、热应力和内外介质的损害，参照设计要求 ×××"这个功能。

与功能网异曲同工，在表格软件中，参照结构元素、功能和失效汇总表，制作完成的功能分析见表 3-17。表中的中括号标示了各个功能所属的结构元素，其中，中间列的盖体功能处于受关注位置，右边列是这个功能实现的原因，而左边列的功能受这个功能的影响。

表 3 - 17　表格呈现的 DFMEA 功能分析案例

上层功能和要求	关注元素的功能和要求	下层功能和要求或特性
［刮水器电子控制单元］ 　保护电子控制单元，在设计范围内，避免机械、电气、热应力和内外介质的损害，参照设计要求×××	［盖体］ 　按照××××要求，安装和固定印制电路板，水平和垂直移动不大于××× mm	［内定位柱］ 　限制印制电路板的水平移动，限制的水平移动不大于××× mm
		［内卡扣］ 　限制印制电路板的垂直移动，限制的垂直移动不大于××× mm

3.4　失效分析

　　收集了相关要求，考虑了由谁实现，也分析了如何实现，接下来就要讨论可能发生的问题，也就是潜在失效分析（Failure Analysis）。识别潜在失效的目的是对设计进行优化改进、降低风险。失效分析识别了潜在失效的因果关系，也就是失效的影响、模式和原因，形成一条条失效链，而接下来的风险分析和优化改进正是基于这些失效链进行的。

　　功能分析之后再进行失效分析，前者是从正面进行分析，后者是从反面进行探讨，两者具有正反对称性。正反对称性也反映在它们的分析步骤上：功能分析先列出结构元素所有的功能和要求，然后再连接上下层具有因果关系的功能和要求，失效分析也是类似——先列出所有功能和要求的全部失效，然后再连接上下层具有因果关系的失效。

　　对比功能分析和失效分析，也可以看出 DFMEA 采用了逆向思维：为了实现功能和要求，退而求其次，通过识别这些功能和要求的补集，即所有潜在失效，然后去预防和控制它们。由于功能和失效发生的概率之和为 1，失效的概率减少了，成功的机会自然就增加了。所以，在这一步，识别出所有可能的潜在失效是关键。作为失效分析的基本工具，运用常见的失效类型和失效网可以把失效识别得完整且清晰。

3.4.1　识别失效

　　功能或要求不能按期望实现的方式达到叫作失效。失效是根据功能和要求推导出来的，如果失效的识别有遗漏，那接下来就不会对遗漏的失效制订预防和控制方法，潜在失效就可能变成现实问题。为了尽可能地识别出所有可能的失效，需要总结一下失效的类型。

　　按照逻辑来说，首先事物要存在，然后才能谈其正确性。对失效的识别，本书也用同样的逻辑总结出如表 3 - 18 所示的设计常见失效类型。

表 3 - 18　设计常见失效类型

失效类型	解释	例子
范围失效	不能实现功能或要求；实现的功能或要求过少或过多	刮水器控制单元不能起动刮水器电动机；即使没有起动请求，刮水器控制单元也起动了刮水器电动机
偏差失效	实现的功能或要求与期望相比有偏差，比如过小或过大	刮水器电动机的旋转速度过快或过慢
时间失效	从时间维度上讲，不能实现预期的功能或要求，比如过早、过迟、断断续续、顺序错误；也包括噪声类失效	刮水器电动机的旋转速度一会儿快一会慢或在×××环境下，电子控制单元失去功能
负面作用	附带发生的不好的作用，比如产品损害或释放超标	电子控制单元损坏或释放过多电磁波、热量

需要识别结构元素所有功能和要求的失效，识别失效时，首先可以识别范围类失效：实现的功能或要求过少或过多，甚至根本没有功能，比如，刮水器控制单元不能起动刮水器电动机；即使没有起动请求，刮水器控制单元也起动了刮水器电动机。然后可以识别偏差类失效：实现的功能或要求与期望相比有偏差，比如过小或过大，比如，刮水器电动机的旋转速度过快或过慢。接下来再在时间的维度上分析不能实现预期的功能或要求，如过早、过迟、断断续续、顺序错误等，例如，刮水器电动机的旋转速度一会儿快一会儿慢。最后识别负面作用：比如涉及的对象可能受到损害、产生噪声或发热过高等，比如，电子控制单元损坏或释放过多电磁、热量。

识别失效时，除了考虑以上这些常规的失效之外，还要考虑特定情况下可能发生的失效。这时候，可以参考参数图的分析结果或方法，识别分析对象在受到噪声因素干扰时表现的不足之处，也就是说，分析该对象在面对个体差异、时间变化、顾客使用、外部环境以及系统交互等挑战时可能发生的问题，比如，在×××环境下电子控制单元失去功能。由于此类失效是在某些情况下发生的，所以也把它们归类于时间类失效。

不仅要用常见失效类型识别潜在失效，也需要考虑和引入相似产品和过程的经验教训。经验教训包含了历史上发生过的问题描述以及原因分析，它不仅反思了问题没有成功预防以及没有被探测出来的原因，还包含了有效解决该问题的措施。参考和导入经验教训给团队提供了宝贵的学习机会，可以预防相似问题的再次发生，让顾客和组织免受相似问题的不断困扰。

功能的描述语句是动词＋名词＋要求，在这里，要求可能不止一个方面，只有所有方面的要求都得以满足，才能说功能和要求没问题，比如，刮水器控制单元控制电动机时，在速度和角度上都有要求，缺一不可。所以，在识别失效时，首先要清楚功能和要求包含的所有方面，然后分别运用常见失效类型识别每个方面可能发生的问题。

　　失效的描述语句是对象 + 失效描述。比如，"刮水器控制单元不能起动刮水器电动机"这个失效描述里，"刮水器控制单元"是对象，"不能起动刮水器电动机"是失效描述。在失效的描述语句里，不管是遗漏了对象，还是遗漏了失效描述，也不管是对象描述模糊，还是失效描述模糊，这些都是不足，将给接下来的理解和针对性措施的策划造成障碍。并且，如果失效有自己的专业术语，则应尽可能使用这些专业术语，因为专业术语都有明确的定义，这会让不同参与者的理解趋于一致。

　　值得注意的是，如果在结构分析中，最低层次分析的是最小功能单元或零件，则在识别它们的失效时，不仅要分析其功能本身的失效，还需要更深入一步，识别根源的失效，即根本原因，因为这样才能预防问题，而不是被动围堵问题。比如，如果内定位柱作为结构分析的最低层次，其功能是"限制印制电路板的水平移动，限制的水平移动不大于 ××× mm"，其失效写成"内定位柱限制印制电路板的水平移动过大"是不足的，而应该再加上根本原因的描述，比如，可以写成"内定位柱的尺寸设计过小，导致印制电路板的水平移动过大"，前种失效描述不利于预防问题，而加入根本原因描述的后者就可以。

　　值得注意的是，功能的失效很多时候不止一个。在失效分析时，需要避免失效的遗漏。

　　在 DFMEA 中，容易遗漏的是交互作用引起的失效以及噪声因素引起的失效，可以借助常见的失效类型、参数图的思考方法以及经验教训减少这些遗漏。在将来的 DFMEA 验证中，也可以检查这些容易漏失的部分有没有在 DFMEA 中进行分析。

　　如果使用的是 FMEA 专业软件，识别和记录失效可以同时进行；如果使用的是表格软件，推荐把识别的失效在某处进行记录，以便连接失效时作为参照。表 3-19 展示了用表格软件制作的结构元素、功能和失效汇总表，其目的是记录识别的结构元素、功能和失效。表格中，高低层次的结构元素从左往右排列，"结构元素"后面的"功能和要求"列是为了在功能分析时识别此结构元素所有的功能和要求，而"失效"是为了在失效分析时识别对应功能和要求所有的失效。不同层次的功能、要求以及失效的识别和记录为将来连接这些功能和失效的因果关系建立了牢固基础，而不是在连接功能和失效时，把功能和失效的识别建立在浅层意识和记忆之上。

表 3-19　结构元素、功能和失效汇总表

上层元素			关注元素			下层元素		
结构元素	功能和要求	失效	结构元素	功能和要求	失效	结构元素	功能和要求	失效

3.4.2 连接失效

一个失效发生后，并不会就此停止，实际上，它会带来其他失效，而其他失效也会引起另外的失效。于是，失效发生和发展的路径就相当于形成了一个链条，其中的每个链节就是一个个失效。我们常把关注元素的失效叫作失效模式，把它的发生原因叫作失效原因，而失效影响则是失效模式引起的后果。失效原因、失效模式、失效影响形成了最简单的失效链。比如，"内定位柱的尺寸设计过小，导致印制电路板的水平移动多大"这个失效会导致"印制电路板在盖体内的水平或垂直移动大于 ×××mm"，而这又会导致"在设计范围内，电子控制单元由于机械、电子、热应力或内外介质而损坏"。这一连串的因果关系就是一条失效链。

失效链的识别在问题预防和控制中起到重要作用。首先，通过识别和评价失效链，可以判定风险大小，从而决定采取措施的优先程度。失效原因的发生概率越大，失效原因或者失效模式越难发现，失效影响的严重程度越高，风险就越大。其次，控制风险的措施就是通过失效链展开的，可以针对失效原因，采取措施降低发生概率；也可以针对失效原因或者失效模式，采取措施提高发现它们的能力；还可以针对失效影响，采取措施降低它的严重程度。

因此，在 DFMEA 中，至少需要识别失效原因、失效模式、失效影响这三者形成的失效链，这就需要连接上下层具有因果关系的失效。由于失效的因果关系来源于功能的因果关系，因此，在连接某个功能的失效时，可以借助已经识别了每个功能和要求失效的结构树或者结构元素、功能和失效汇总表进行，需要在与此功能连接的下层功能和要求的失效中，寻找它的失效原因，而在与此功能连接的上层功能的失效中，寻找它的失效影响。

在连接失效时，不应该受到控制方法的影响，而需要脱离控制方法，基于功能的因果关系，考虑失效的因果关系再进行连接。其实，控制方法是失效连接并评价后，基于风险大小才提出的，而不是先有控制方法才产生失效链。比如，不能说因为设计非常成熟或者测试非常有效，失效的设计不会发布，所以连接了相对较轻微的失效影响。连接失效影响时，还需要考虑失效对可能的相关方的影响，比如 DFMEA 要考虑对生产、对上一级产品，对用户以及对法律法规造成的影响。

失效链建立了失效的发生原因、失效模式以及失效影响，这为预防和控制措施提供了分析框架，而基于相同失效模式连接在一起的众多失效链又形成了失效网，失效网整合了相同的失效模式所有可能发生的原因以及失效影响，对问题归类很有帮助。

失效分析在专业软件中可能是以失效网的形式展现，而在表格软件中，失效的因果关系则是以不同列的形式表达，中间列是关注元素的失效，左边列是它的影响，右边列则是它的原因。图 3-10 展现了用失效网形式进行的失效分析。表 3-20 展现了用表格形式进行的失效分析。其中，关注元素模块1的失效被置于中心位置，已用粗线框出，右边与其连接的失效是这个失效发生的原因，它们来自于下一层次功能或要求的失效。左边与其连接的失效是上一层次的功能和要求受此影响的失效。

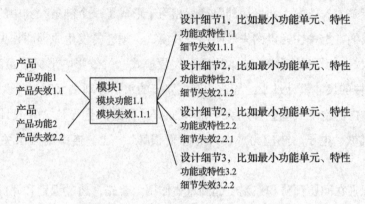

图3-10　用失效网形式进行的失效分析

表3-20　用表格形式进行的失效分析

失效影响	失效模式	失效原因
产品失效1.1	模块失效1.1.1	细节失效1.1.1
		细节失效2.1.2
产品失效2.2		细节失效2.2.1
		细节失效3.2.2

当失效连接完成之后，如果发现有失效没有建立起因果关系，那么要么是遗漏了失效或功能，要么是识别了不必要的失效或功能。总之，所有结构元素的所有失效都应该建立起因果关系，并且应该处在其对应的功能网络之内。

3.4.3　DFMEA失效分析案例

DFMEA的失效分析可以分为以下两个步骤：1）根据常见失效类型和经验教训，识别每个功能和要求的所有失效；2）连接上下层具有因果关系的失效，形成失效链。

功能分析完毕之后，团队对刮水器电子控制单元进行了失效分析。他们首先利用常见失效类型和经验教训识别了所有结构元素功能和要求的所有潜在失效，然后把识别出来的每个功能和要求的失效都记录在了FMEA专业软件或结构元素、功能和失效汇总表中。

针对刮水器电子控制单元的功能"根据信号命令，发出信号起动刮水器电动机，让电动机以360°在×××速度范围内旋转"，团队识别的失效有

1）刮水器控制单元不能起动刮水器电动机。

2）即使没有起动请求，刮水器控制单元也起动了刮水器电动机。

3）刮水器控制单元控制刮水器电动机的旋转速度过快或过慢。

4）刮水器控制单元控制刮水器电动机的旋转速度一会儿快一会儿慢。

5）在×××环境下，电子控制单元失去控制刮水器电动机的功能。

6）电子控制单元工作时释放过多热量。这些失效的记录见表 3-21。

表 3-21　刮水器电子控制单元起动电动机失效汇总表

上层元素		
结构元素	功能和要求	失效
刮水器 电子控制单元	根据信号命令，发出信号起动刮水器电动机，让电动机以 360° 在 ××× 速度范围内旋转	刮水器控制单元不能起动刮水器电动机
		即使没有起动请求，刮水器控制单元也起动了刮水器电动机
		刮水器控制单元控制刮水器电动机的旋转速度过快或过慢
		刮水器控制单元控制刮水器电动机的旋转速度一会儿快一会儿慢
		在 ××× 环境下，电子控制单元失去控制刮水器电动机的功能
		电子控制单元工作时释放过多热量

针对盖体的功能"按照××××要求，安装和固定印制电路板，水平和垂直移动不大于×××mm"，团队识别的失效有 1）印制电路板在盖体内的水平或垂直移动大于×××mm；2）印制电路板或元件损坏。这些失效的记录见表 3-22。

表 3-22　盖体固定印制电路板失效汇总表

关注元素		
结构元素	功能和要求	失效
盖体	按照 ×××× 要求，安装和固定印制电路板，水平和垂直移动不大于 ×××mm	印制电路板在盖体内的水平或垂直移动大于 ×××mm
		印制电路板或元件损坏

针对内定位柱的功能"限制印制电路板的水平移动，限制的水平移动不大于×××mm"，团队识别的失效有 1）内定位柱的尺寸设计过小，导致印制电路板的水平移动过大；2）内定位柱的刚度或强度设计不足，导致印制电路板的水平移动过大；3）内定位柱间的分布和印制电路板不匹配，导致印制电路板应力过大。

针对内卡扣的功能"限制印制电路板的垂直移动，限制的垂直移动不大于×××mm"，团队识别的失效有 1）内卡扣设计过高或过窄，导致印制电路板的垂直移动过大；2）内卡扣的刚度或强度设计不足，导致印制电路板的垂直移动过大。

注意，案例中下层元素的失效描述已经包括了失效的根本原因，这便于接下来制订预防措施。这些失效的记录见表 3-23。

表 3 - 23　定位柱和卡扣限制印制电路板失效汇总表

下层元素		
结构元素	功能和要求	失效
内定位柱	限制印制电路板的水平移动，限制的水平移动不大于×××mm	内定位柱的尺寸设计过小，导致印制电路板的水平移动过大
		内定位柱的刚度或强度设计不足，导致印制电路板的水平移动过大
		内定位柱间的分布和印制电路板不匹配，导致印制电路板应力过大
内卡扣	限制印制电路板的垂直移动，限制的垂直移动不大于×××mm	内卡扣设计过高或过窄，导致印制电路板的垂直移动过大
		内卡扣的刚度或强度设计不足，导致印制电路板的垂直移动过大

　　接下来，团队开始连接具有因果关系的上下层失效，他们立足于关注元素的功能失效，在和此功能连接的下层功能的失效中寻找其失效原因，而在和此功能连接的上层功能的失效中寻找其失效影响。在 FMEA 专业软件中，团队用失效网进行的失效分析如图 3 - 11 所示，这些连接的失效的功能也存在连接关系。

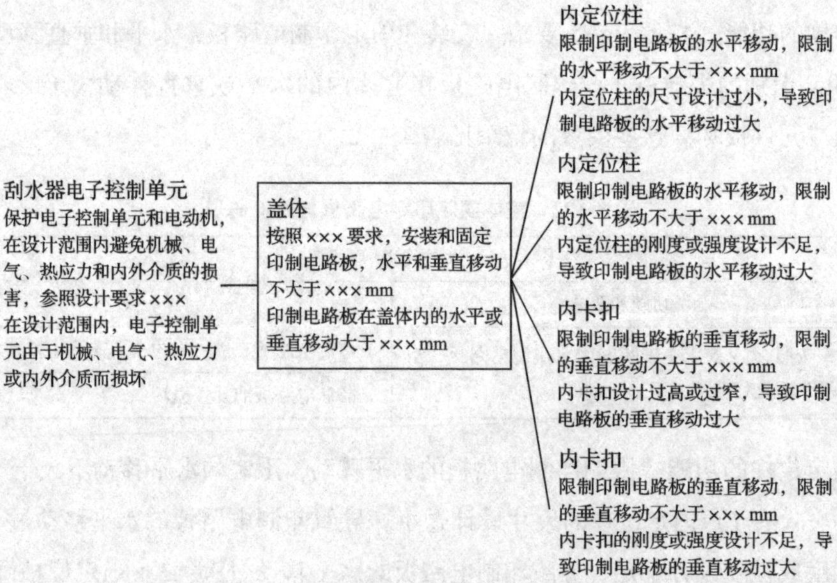

图 3 - 11　失效网呈现的 DFMEA 失效分析案例

　　从失效网可以清晰地看出，盖体的失效"印制电路板在盖体内的水平或垂直移动大于×××mm"的失效原因有四个，分别是"内定位柱的尺寸设计过小，导致印制电路板的水平移动过大""内定位柱的刚度或强度设计不足，导致印制电路板的水平移动过大""内卡扣设计过高或过窄，导致印制电路板的垂直移动过大"和"内卡扣的刚度或强度设计不足，导致印制电路板的垂直移动过大"。而失效的影响是"在设计范围内，电子控制单元由于机械、电气、热应力或内外媒介而损坏"。

与失效网异曲同工，在表格软件中，参照结构元素、功能和失效汇总表，制作完成的失效分析见表 3-24。表中的中括号标示了各个失效属于的结构元素，其中，中间列的盖体失效处于受关注位置，右边列是这个失效发生的原因，而左边列的失效受这个失效的影响。

表 3-24　表格呈现的 DFMEA 失效分析案例

失效影响	失效模式	失效原因
［刮水器电子控制单元］在设计范围内，电子控制单元由于机械、电气、热应力或内外媒介而损坏	［盖体］印制电路板在盖体内的水平或垂直移动大于 xxx mm	［内定位柱］内定位柱的尺寸设计过小，导致印制电路板的水平移动过大
		［内定位柱］内定位柱的刚度或强度设计不足，导致印制电路板的水平移动过大
		［内卡扣］内卡扣设计过高或过窄，导致印制电路板的垂直移动过大
		［内卡扣］内卡扣的刚度或强度设计不足，导致印制电路板的垂直移动过大

3.5　风险分析

失效分析之后，得到若干条失效链，如果不对这些失效链进行预防和控制，这些潜在失效就可能变成实实在在的问题。然而，每个组织和个人的资源和精力总是有限的，如果对每条失效链不分主次地采取应对措施，那针对高风险的应对措施势必不够，而针对低风险的应对措施又可能多余，其结果不是没达到预期效果，就是造成浪费。所以，需要经过风险分析（Risk Analysis）这个步骤排列应对措施的需求程度。首先，确定每条失效链当前的应对措施，然后，在此基础之上评价失效链的风险大小。按照风险大小分配有限的资源和精力，这是有效风险管理的基础之一。

风险应对措施主要分为预防措施和探测措施，前者的意义在于杜绝失效原因的发生或者降低其发生的概率，而后者的目的是发现问题的发生和发展，从而启动反应措施。当前计划或者已经执行的应对措施影响当前风险的大小，而风险大小用风险指标来评价。风险指标分为三个单项指标和一个综合指标，单项指标中的严重度评价失效影响的严重程度，发生度评价失效原因的发生概率，探测度评价探测措施对失效的探测能力，而综合指标考虑了这些单项指标，综合评价了风险大小，这四个指标都是数值越大风险越高。

风险分析确定了当前的预防措施和探测措施，并评价了当前风险大小，作为接下来触发优化改进的基础，如果风险得不到正确评价，那评价的风险就不能反映实际情况，优化改进的重点就会发生偏差，于是，风险就得不到有效管理。所以，客观的风险分析非常重要。作为风险分析的基本工具，围绕失效链的措施分析可以把预防和探测措施识别得完整而有条理。

3.5.1 识别预防措施

失效链发生的起点是失效原因，如果在失效原因发生之前，有措施降低其发生概率或者避免其发生，这无疑是美好的。FMEA 把这类措施称为预防措施，它的作用是杜绝失效原因的发生或者降低其发生概率。

相对其他措施，降低风险更倾向于采取预防措施。预防措施起作用时，失效原因和失效模式还没产生，产品还没有出现不良品，顾客还没有抱怨和索赔，还没有造成人身伤害，因此，采取预防措施是一种最节省成本的方法。所以，识别风险的应对措施首先应该是预防措施。

虽然执行预防措施有很多收益，但并不是说它有多复杂或者需要非常大的成本。恰恰相反，相对于其他风险应对措施，执行预防措施往往更简单、更节省成本！获取更多的信息、更清楚地理解功能的因果关系，往往就能起到很好的预防作用。

对 DFMEA 来说，在设计决定之前，应对风险的措施属于预防措施，表 3 - 25 列出了 DFMEA 常见的预防措施类型。一般可以把主要的预防措施总结如下：①原理或规则、②经验教训、③因果研究、④防错设计，以及⑤失效-安全等。在识别或开发设计的预防措施时，可以基于这些类型展开思考。

表 3 - 25　DFMEA 常见预防措施类型

预防类型	解释	例子
原理或规则	原理和规则是在经验基础上的理论总结，根据适用的原理或规则进行设计，会降低问题发生的概率	基于×××设计规则进行内卡扣的高度和宽度设计
经验教训	从相似的设计得到的经验教训对本设计也有指导作用，运用适用的经验教训，会降低问题发生的概率	对内定位柱的尺寸设计，采用和产品×××相同的设计
因果研究	在没有原理规则和经验教训的情况下，设计者对要实现的功能的因果关系进行假设、检验、实验和研究。理解了设计的因果关系之后，在此基础上进行的设计会降低问题发生的概率	对内定位柱的受力进行仿真分析，基于分析结果选择物料
防错设计	分析错误的属性和过程，在设计中融入错误预防的功能	对内定位柱采用不对称分布设计，完全预防了盖体和印制电路板装反
失效-安全	分析错误的过程和潜在影响，在设计中融入防止潜在影响的功能	对内定位柱的刚度或强度设计，采用了一定的安全系数

　　原理或规则是在多次设计经验基础上进行的理论总结，理论的高度保证了一定范围内设计的适用性。根据适用的原理或规则进行设计，会降低问题发生的概率。原理或规则可以来源于组织的设计文件、设计指导书或设计公式等。原理或规则的一个例子是"基于×××设计规则进行内卡扣的高度和宽度设计"。

　　经验教训指的是参考之前相似和成熟的设计。相似设计的因果关系也有相似性，因此，得到的经验教训对本设计也有指导作用。运用适当的经验教训，会降低问题发生的概率。成熟的设计可以来源于组织之前设计过的类似产品，也可以来源于对市场上成熟产品的学习和研究。经验教训的一个例子是"对内定位柱的尺寸设计，采用和×××产品相同的设计"。

　　在没有原理规则和经验教训的情况下，设计者也不可毫无根据地进行设计，这时候，理性的设计是对要实现的功能的因果关系进行假设、检验、实验和研究。理解了设计的因果关系之后，在此基础上进行的设计会降低问题发生的概率。因果研究的例子有理论研究、假设检验、实验设计、模拟仿真等。因果研究的一个例子是"对内定位柱的受力进行仿真分析，基于分析结果选择物料"。

　　有时候，为了杜绝某些重大或者顽固问题的发生，可以采取防错设计的方法。设计者需要分析错误的属性和过程，然后在设计中融入错误预防的功能。这种方法靠设计本身预防特定问题的发生，减少了后期的控制成本并且提高了控制的可靠程度。比如，为了预防某个零件装错方向，把该零件设计成不对称的外形，于是零件装错方向这一问题就被杜绝，生产或顾客就不一定需要控制零件的安装方向，节省了成本，也保证了安装的正确性。防错设计的一个例子是"对内定位柱采用不对称分布设计，完全预防了盖体和印制电路板装反"。

　　失效-安全退了一步，它指的是即使真的发生了失效，也没有太大关系的一种设计。设计者需要分析错误的过程和潜在影响，然后在设计中融入防止潜在影响的功能。在这里，安全的含义被扩大了，不仅可以指人员和财产的安全，还可以指虽然失效了，但不会发生不可接受的影响这样一种安全。设置安全余量、增加冗余设计、为系统配备可靠的监视和响应功能，这些措施都可以让失效-安全发生。失效-安全的一个例子是"对内定位柱的刚度或强度设计，采用了一定的安全系数"。

　　描述预防措施时，为了有利于它们的执行和效果评估，预防措施的描述要清楚和完整。太笼统的预防措施让人不知其意，削弱了它们的作用，比如，"遵守设计规则""参考相似产品""经过验证的材料"这些都是不够具体的，缺少具体的指向，不仅很难执行这些笼统的措施，也很难评估这些措施的有效性。对预防措施建议的描述是预防方法＋预防内容＋适用的依据，比如"基于×××设计规则进行内卡扣的高度和宽度设计"。

3.5.2　识别探测措施

　　所有的失效原因都能被成功预防当然是最好的，但在很多情况下，虽然执行了预防措施，失效原因的发生概率也确实降低了，但这并不意味着失效不会发生。事实上，失效原因还是可能发生，而且还会导致失效模式，失效模式还会继续发展。这时候，不能对此毫无作为，听任问题对相关方产生影响。因此，除了预防问题，还应该争取时间发现问题的发生和发展，也就是执行探测措施。探测措施既可以用来发现失效原因，也可以用来探测失效模式，甚至可以用来探测整个产品的问题，也就是说，探测措施可以用来发现失效链上的任何一个失效，从而启动反应计划以及纠正措施。

　　虽然需要重视预防措施，但也不可忽略探测措施。探测措施是在失效原因发生之后，减少进一步损失以及顾客抱怨的有效手段。探测措施越提前，失效造成的损失就越小；探测措施越有效，发布不良设计的概率就越小。所以，对探测措施来说，看重的是它们的及时性和有效性，探测的不及时或者没有效果都会导致风险增加。另外，对任何一条失效链，当前的探测措施可能并不唯一，并不要求所有的探测措施同时达到及时性和有效性，只要它们加在一起的总体效果达到及时性和有效性即可。

　　对 DFMEA 来说，在设计决定之后，发现失效的措施属于探测措施。如表 3 - 26 DFMEA 常见探测措施类型所示，一般可以把主要的探测措施总结为对零件的检查或测试、对模块的检查或测试，以及对产品的检查或测试。虽然这些探测措施的及时性依次降低，但探测的效果却依据实际的探测能力而定，并且都必须在设计发布之前完成。在识别或开发设计的探测措施时，可以基于这些类型展开思考。

表 3 - 26　DFMEA 常见探测措施类型

探测类型	解释	例子
零件的检查测试	检查或测试零件的属性或功能。目的是验证零件的实际表现以及零件在本设计中的适用性	按照 ××× 标准，对盖体进行机械刚度和强度实验
模块的检查测试	检查或测试模块的属性或功能。这些模块既可以是物理模块，也可以是功能模块，并且可能具有不同的层次，不同层次的模块为探测提供了灵活性和机会	对样件的盖体和印制电路板进行相对移动分析
产品的检查测试	检查或测试产品的属性或功能。对产品的检查和测试不仅能探测出零件、模块的失效，也能探测出它们整合后的问题	按照 ××× 标准，对 × 样件进行机械刚度和强度实验，对 × 样件进行功能测试

　　零件的检查测试指的是检查或测试零件的属性或功能，其目的是验证零件的实际表现以及零件在本设计中的适用性。首先，虽然零件的属性和功能由供应商保证，但供应商的控制

不一定绝对有效，供应商之外的运输存储也可能存在问题，为了排除这些非设计问题，可以安排对零件的检查或测试；然后，选择了某些特性的零件，其功能也需要验证以检查选择的正确性；接下来，零件在新设计中应用时，可能对它们在新应用条件下的表现不太清楚，于是需要验证这些零件在新设计中的适用性。零件的检查和测试的一个例子是"按照×××标准，对盖体进行机械刚度和强度实验"。

模块的检查测试是指检查或测试模块的属性或功能。这些模块既可以是物理模块，也可以是功能模块，并且可能具有不同的层次；既可以是大模块，也可以是小模块。模块越小，发现问题的时间越早，失效造成的影响也越小。但检查和测试并不一定绝对能探测出小模块的问题，于是需要检查和测试更高层次的模块。于是，不同层次的模块为探测提供了灵活性和机会。模块的检查测试的一个例子是"对样件的盖体和印制电路板进行相对移动分析"。

产品的检查测试指的是检查或测试产品的属性或功能。对产品的检查和测试不仅能探测出零件、模块的失效，也能探测出它们整合后的问题。这些检查和测试可能在组织内部进行，比如组装实验、功能测试和可靠性测试；也可能在顾客的产品上进行，比如顾客产品的试装测试、功能测试和可靠性测试。产品的检查测试的一个例子是"按照×××标准，对××样件进行机械刚度和强度实验，对××样件进行功能测试"。

描述探测措施时，为了有利于它们的执行和效果评估，探测措施的描述要清楚且完整。太笼统的探测措施让人不知其意，削弱了它们的作用，比如"检查""测试""实验"，这些都是不够具体的，缺少了具体的指向，不仅很难执行这些笼统的措施，也很难评估这些措施的有效性。对探测措施建议的描述是探测对象＋探测方法＋适用的标准，比如"按照×××标准，对××样件进行机械刚度和强度实验"。

不可混用设计和生产的探测措施，设计探测的目的是在设计阶段验证或确认设计、发现设计的错误或不足、防止不良设计的发布，而生产的探测是在生产阶段验证或确认生产的半成品/产品、发现生产的产品问题、防止生产的不良品流到顾客端。所以，如果设计的失效是"内定位柱的尺寸设计过小"，这时采取"用量具测量内定位柱的尺寸"作为仅有的探测措施是不太适合的。因为，设计的探测是要在设计发布前探测出设计的失效，而不是探测生产的错误。用量具测量内定位柱的尺寸，然后和设计值对比，这其实是在默认设计是正确的，因而不能发现设计的错误，而只能探测出非设计的问题。对这个例子来说，"对样件的盖体和印制电路板进行相对移动分析"是设计失效的探测措施之一。

也不可混淆设计的探测和系统的监视。系统的监视是在产品的使用或运行阶段，系统监视产品的运行情况，发现偏差时，自动启动响应措施或报警提示，从而保证产品安全。比如，"软件监视霍尔传感器的相位关系并与实际控制的逻辑关系进行对比"是系统自动在产品运行时执行的，而不是设计工程师在设计阶段验证或确认产品设计的，所以，这是系统的监视措施。当然，系统的监视功能也需要设计工程师在设计阶段进行验证或确认，以减少设计的错误。

表3-27区分了不同阶段的探测措施。在保证产品质量和安全方面，这些措施在产品的不同阶段发挥着重要作用。

表 3 – 27　不同阶段探测措施的区分

探测区分	探测阶段	执行目的	资源方	案例	隶属 FMEA 的措施类型
设计探测	设计阶段，一般在设计发布之前完成	验证或确认设计，发现设计的错误或不足，防止不良设计的发布	探测资源一般隶属于设计部门，有时也会暂借生产部门的探测资源	对样件的功能测试、振动实验、高低温测试、淋水测试、组装测试	DFMEA 中作为探测措施
生产探测	生产阶段，一般在产品交付给顾客前完成	验证或确认生产的半成品/产品，发现生产的产品问题，防止生产的不良品流到顾客端	探测资源一般隶属于生产部门	对产品的功能测试、自动光学检查、对半成品/产品的目视检查、用量具对半成品/产品进行的测量	PFMEA 中作为探测措施
系统监视	在产品的使用或运行阶段	时刻监视产品的运行情况，发现偏差时，自动启动响应措施或报警提示，从而保证产品安全	产品自身拥有的功能，一般包含传感器、电子控制单元和执行机构	软件监视霍尔传感器的相位关系并与实际控制的逻辑关系进行对比	FMEA-MSR 中作为监视措施和系统响应措施　也可能出现在 DFMEA 中作为预防措施，以降低严重程度

分析探测措施时，需要借助失效链进行，先分析当前有什么措施可以探测失效原因，如果失效原因不能百分之百地探测或控制，再分析当前有什么措施可以探测失效模式，就这样不断分析下去，直到可以控制住失效链或者当前已经没有其他探测措施为止。

在一条失效链里，如果只安排了探测失效模式的措施，而没有安排探测失效原因的措施，那失效原因发生后就不会被发现，直到它继续发展导致失效模式为止。而失效模式发生时，浪费就产生了，可能需要工程变更、模具修改等。

反过来，在一条失效链里，如果只安排了探测失效原因的措施，而没有安排探测失效模式的措施，那可能也是危险的。针对失效模式的探测是为了保护顾客，没有这个保护，失效模式可能到达顾客手中。毕竟，很难把所有潜在的失效原因都分析出来，也很难把所有识别出来的失效原因都控制好。这些没有识别或者没有控制好的失效原因就会继续导致失效模式的发生，当失效模式发生时，由于没有探测，失效的产品就会发布出去。

3.5.3 评价严重度

严重度衡量了失效影响最严重的程度。严重程度越高，严重度也越高，风险也越大。由于在失效分析时考虑了失效对不同相关方的影响，所以这些影响就有了各自的严重度。在评价失效链的严重度时，选取的是最高等级的严重度。

严重度应该独立于发生度和探测度的评价，不能认为发生概率低或者探测能力强，失效就不会到达顾客手中，不会造成糟糕的失效影响，严重度就低。其实严重度评估的是已经识别的失效链的严重程度，失效链不会因为外界的预防和探测措施而改变（除非系统本身整合了及时有效的监视和响应功能），所以严重度不应该因为发生度或探测度的高低而有所调整。事实上，发生度和探测度的优劣将会在各自的指标中分别去评价，如果基于它们的高低评价严重度，那就产生了双重评估。

在评价严重度时，需要把具体的失效影响与评价准则进行对照，再从中选取合适的分值。这些评价准则既可以参照行业标准或建议，也可以事先定义适用于自己组织的准则，但必须获得相关管理者的批准，必要时，需要获得顾客的批准。

汽车行业把严重度分成 1~10 分，分值越大，严重程度越高。DFMEA 严重度评价准则见表 3-28，它从失效对最终用户的影响进行严重度评价。

表 3-28　DFMEA 严重度评价准则

S	影响	DFMEA 严重度评价准则
10	非常高	影响车辆和/或其他车辆的安全操作，影响驾驶人、乘客、道路使用者或行人的健康
9		违反法律法规
8	高	在预期寿命内，正常驾驶所必需的车辆主要功能丧失
7		在预期寿命内，正常驾驶所必需的车辆主要功能退化
6	中	车辆次要功能丧失
5		车辆次要功能退化
4		非常反感的外观、声音、振动、声振粗糙度或触感
3	低	中等反感的外观、声音、振动、声振粗糙度或触感
2		轻微反感的外观、声音、振动、声振粗糙度或触感
1	非常低	没有可识别的影响

从表3-28可以看出，1分表示的影响非常低，低到不可识别；2分、3分、4分表示的影响与人的感官相关，区别在于反感程度不同，2分表示的反感程度是轻微，3分是中等，4分是非常反感；5分、6分表示的影响和车辆的次要功能相关，比如车辆的舒适功能，5分是次要功能退化，6分是次要功能丧失；7分、8分表示的影响与车辆行驶功能相关。7分是主要功能退化，8分是主要功能丧失；9分的影响是违反法律法规；10分的影响是人员的健康或安全。10分的定义充分体现了生命高于一切的思想！

不要错误理解安全产品和严重度等于10的产品之间的关系。安全产品与产品的应用领域有关，用在安全方面的产品属于安全产品。汽车安全产品包括主动安全产品和被动安全产品。前者避免事故的发生，比如防抱死制动系统（ABS）、电子稳定系统（ESP）等；而后者致力于减少受伤害的程度，比如安全气囊等。而FMEA中的严重度10表示该失效模式可能影响人员安全，并不代表该产品应用在安全领域。因此，不能说非安全产品其严重度就不该为10，也不能说严重度等于10的就是安全产品。

应该注意，不同层次的FMEA其严重度可能存在继承关系，车辆决定了系统的严重度，系统又决定了子系统、零部件的严重度，为了保持严重度的一致性，需要同顾客、供应商以及不同FMEA团队交换相关信息。

3.5.4　评价发生度

发生度衡量失效原因的发生概率。发生概率越大，发生度就越高，风险也越大。可以想见，如果发生度评价的是失效模式的概率，由于一个失效模式可能有很多失效原因，那这些失效链的四个风险指标的数值很可能都是一样的，这就很难排出优化改进的优先顺序。发生度也评价了预防措施的有效性，如果它比较高，就表示预防措施还不够，需要接下来的优化改进。

需要注意的是，对失效原因发生情况的评价应该和时间结合起来，需要考虑设计在整个生命周期里失效的发生情况。很显然，顾客期望在产品的整个生命周期里产品始终保持一定的可靠性，基于时间的考虑有利于设计一直保持较好的运行状况，因此，产品的老化、误用、腐蚀、磨损、消耗等都是要考虑的因素。

在评价发生度时，需要把具体的失效原因、预防措施和评价准则进行对照，再从中选取合适的分值。这些评价准则既可以参照行业标准或建议，也可以事先定义适用于自己组织的准则，但必须获得相关管理者的批准，必要时，还需要获得顾客的批准。

汽车行业把发生度分成1~10分，分值越大，发生概率越高。DFMEA发生度评价准则见表3-29，它对发生度从设计经验、预防效果和事件数据这三个维度进行评价。

表 3 - 29　DFMEA 发生度评价准则

O	失效原因发生预测	DFMEA 发生度评价准则	每千件产品发生数/车辆中事件数
10	极高	在组织内外都属于新技术的首次应用。没有操作经验和/或运行条件不可控。没有产品验证和/或确认的经验 　不存在标准且尚未确定最佳实践 　预防控制不能预测使用现场绩效或不存在预防控制	≥100, ≥1/10
9	非常高	在组织内首次使用技术创新或材料的设计。新应用或工作周期/运行条件有变更。没有产品验证和/或确认的经验 　预防控制不能针对特定要求的性能识别	50, 1/20
8		在新应用上首次使用技术创新或材料的设计。新应用或工作周期/运行条件有变更。没有产品验证和/或确认的经验 　存在很少的标准和最佳实践,不直接适用于该设计。 　预防控制不能可靠指示使用现场绩效	20, 1/50
7	高	根据相似技术和材料的新型设计。新应用,或工作周期/运行条件有变更。没有对产品进行验证和/或确认的经验 　标准、最佳实践和设计规则符合基础设计要求,但不适用于创新产品 　预防控制提供了有限的性能指标	10, 1/100
6		使用现有的技术和材料,与之前设计相似。相似的应用,工作周期或运行条件有变更。之前的测试或使用现场经验 　存在标准和设计规则,但不足以确保失效原因不会发生 　预防控制提供了预防失效原因的一些能力	2, 1/500
5	中	使用经过验证的技术和材料,与之前设计相比有微小变更。相似的应用,工作周期或运行条件。之前的测试或使用现场经验,或新设计具有与失效相关的一些测试经验 　设计处理了之前设计的经验教训。在本设计中对最佳实践进行再评估,但没有经过验证 　预防控制能够发现与失效原因相关的产品缺陷,并提供一些性能迹象	0.5, 1/2000
4		与具有短期现场使用经验的设计有几乎相同的设计。相似应用,工作周期或运行条件有较小变更。之前测试或使用现场经验 　之前的设计和为新设计进行的变更符合最佳实践、标准和规格。预防控制有能力发现与失效原因相关的产品缺陷,并显示可能的设计符合性	0.1, 1/10000
3	低	对已知设计微小变更(相同应用,工作周期或运行条件有较小变更),在可比较的运行条件下有测试或现场使用经验,或成功完成测试程序的新设计 　考虑了之前设计的经验教训,设计预期符合标准和最佳实践 　预防控制有能力发现与失效原因相关的产品缺陷,并预测了设计符合性	0.01, 1/100000

（续）

O	失效原因 发生预测	DFMEA 发生度评价准则	每千件产品发生数/ 车辆中事件数
2	非常低	与具有长期现场使用经验的成熟设计有几乎相同的设计。相同应用，可比较的工作周期和运行条件 在可比较的运行条件下有测试或现场使用经验 考虑了之前设计的经验教训，对设计符合标准和最佳实践有充分的信心 预防控制有能力发现与失效原因相关的产品缺陷，并显示设计符合性的信心	≤0.001， 1/1000000
1	极低	通过预防控制，失效得到消除，失效原因不可能发生	预防控制消除了失效

从表 3-29 可以看出，1 分表示的发生度非常低，低到失效原因不可能发生。2 分、3 分的发生度从非常低到低，它们是将设计和成熟的设计相比，2 分是几乎相同，3 分是微小变更；就预防效果来说，2 分对效果非常确定，3 分对效果比较确定；就事件数据来说，2 分表示的事件数是每一百万个产品或车辆发生一起失效原因（1/1000000），3 分是 1/100000。

4 分、5 分的发生度都是中，它们是将设计和经过短期验证的设计相比，4 分是几乎相同，5 分是微小变更；就预防效果来说，4 分对效果不太确定，5 分对效果不确定；就事件数据来说，4 分是 1/10000，5 分是 1/2000。

6 分、7 分的发生度都是高，它们要么是相似设计，要么是相似技术，6 分是现有技术下的相似设计，7 分是相似技术下的新型设计；就预防效果来说，6 分的措施不足，7 分的措施作用有限；就事件数据来说，6 分是 1/500，7 分是 1/100。

8 分、9 分、10 分的发生度从非常高到极高，它们都属于技术创新范畴，区别是创新程度不同，8 分是应用新的技术创新，9 分是组织内的技术创新，10 分是组织内外都属于的技术创新；就预防效果来说，8 分的措施不可靠，9 分的措施不太相关，10 分是没有措施或措施没有相关性；就事件数据来说，8 分是 1/50，9 分是 1/20，10 分表示不小于 1/10。

团队在初期评估发生度时，由于经验较少，可能对设计不太肯定，这时评估出来的发生度可能相对较高。随着后期测试和使用经验的积累，团队对设计有了更深的理解，这时，可以根据这些经验重新评价发生度。

3.5.5 评价探测度

探测度衡量了在设计发布之前，探测措施发现失效原因或失效模式的能力。如果在设计发布之后才探测出失效，由于已经影响到生产和顾客，生产受到了影响，顾客产生了抱怨，这时探测已经为时过晚。

探测能力越差，探测度数值就越大，风险也越大。探测度评估了探测措施的有效性，而不是探测措施数量的多少，不能因为探测措施的数量多，就想当然地认为探测能力好。如果探测度数值比较大，就表示探测措施还不够，需要接下来的优化改进。

在评价探测度时，需要把具体的失效链、探测措施和评分准则进行对照，再从中选取合适的分值。这些评价准则既可以参照行业标准或建议，也可以事先定义适用于自己组织的准则，但必须获得相关管理者的批准，必要时，还必须获得顾客的批准。

汽车行业把探测度分成 1 ~ 10 分，分值越大，探测能力越差。DFMEA 探测度评价准则见表 3 - 30，它对探测度从探测成熟度、探测类型和探测时间这三个维度进行评价。

表 3 - 30　DFMEA 探测度评价准则

D	探测能力	探测成熟度	探测类型
10	非常低	测试程序还没开发	测试方法没有定义
9		测试方法不是针对性地探测失效模式或失效原因	通过/不通过测试、测试到失效、退化测试
8	低	新测试方法，没有证明过	通过/不通过测试、测试到失效、退化测试
7		新测试方法，没有证明过；计划的测试时间较早，即使测试不通过，在生产开始之前，也有足够的时间重新设计或修改工装	通过/不通过测试
6	中	用于功能验证或者性能、质量、可靠性和耐久性确认，经过证明的测试方法；计划的测试时间较迟，如果测试不通过，可能因为重新设计或修改工装而导致生产延迟	测试到失效
5			退化测试
4	高	用于功能验证或者性能、质量、可靠性和耐久性确认，经过证明的测试方法；计划的测试时间较早，即使测试不通过，在生产开始之前，也有足够的时间重新设计或修改工装	通过/不通过测试
3			测试到失效
2			退化测试
1	非常高	之前的测试确认了失效模式或失效原因不会发生，或者探测方法经过证明总是能探测出失效模式或失效原因	

从表 3 - 30 可以看出，1 分表示的探测能力非常高，总是能探测出失效模式或失效原因。2 分、3 分和 4 分的探测能力高，它们采用的都是经过证明的测试方法，并且测试的时间较早，即使测试不通过，也不会延迟生产；就探测类型来说，2 分采用的是退化测试，3 分采用的是测试到失效测试，4 分采用的是通过/不通过测试。

退化测试的程序特点是测试和数据读取相隔进行。在测试的过程中，获取了较多数据，能看出产品性能随时间退化的趋势或变化，它提供了产品退化的全景图，因此探测失效的能力更强；不足之处是测试的时间较长。

测试到失效的测试程序特点是测试一直进行，直到发生失效为止，它研究了产品的失效时机（比如一直测试到部件泄漏、断裂），因而可以预测其寿命，并且可以通过研究失效原因而改进设计。但这种测试看不到全景图，所以探测能力比退化测试弱，并且属于破坏性测试。

通过/不通过测试只检查了研究对象在规格点符合要求的情况，优点是能够快速得到测试结果，但得到的数据较少，难以开展设计改进，不能预测产品在下一刻的表现，因而探测能力比测试到失效更弱。

5分和6分的探测能力都是中，它们采用的也是经过证明的测试方法，不过测试的时间较迟，如果测试不通过则其纠正措施会延迟生产；就探测类型来说，5分采用的是退化测试，6分采用的是测试到失效测试。[⊖]

7分和8分的探测能力都是低，它们采用的是没有经过证明的测试方法，不同点在于，7分的测试时间较早，8分的测试时间较迟。

9分和10分的探测能力都是非常低，前者的探测措施不是特别适用于该失效模式或失效原因，而后者还没开发出探测措施。

3.5.6　计算综合指标

每个组织和个人的精力、资源、时间等都是有限的，不可能对所有失效链都同等对待，所以，就产生了对风险排列优先级的需求。如果只用单项指标排列风险大小，由于存在三个单项指标，就会顾此而失彼，这就产生了建立综合指标的需求。综合指标联合了严重度、发生度和探测度这些单项指标，让同一份FMEA文件中的不同失效链之间的风险比较更加容易。常用的综合指标有RPN、风险矩阵、AP。在AIAG VDA FMEA手册出版之前，汽车行业使用RPN指标，手册出版之后，推荐使用AP。

RPN即风险优先数，是最经典的综合指标，取自严重度、发生度和探测度三个指标的乘积，因此，其数字范围从1到1000。可见，RPN试图把风险大小按顺序排列开来。

早期阶段，人们对RPN的认知还不全面，认为RPN高的风险也相对较高，RPN低的风险也相对较低，所以给它规定了一个限定值，超过这个限度，风险就是不可接受的，必须采

⊖　AIAG VDA FMEA手册在本书截稿前对7分的探测度评价准则做过一次修正，从原来的经过证明的测试方法更新为没有经过证明的测试方法，和8分形成一类。但这样的分类导致了不同探测类型在探测度为5分和6分的分组中不完整，没有把探测能力为中的位置留给通过/不通过测试。当然，组织可以自己定义探测度评价准则，比如，6分是测试到失效测试或者通过/不通过测试，7分是通过/不通过测试、测试到失效或者退化测试都可以。

取优化改进措施,而低于这个限度,就可以高枕无忧。随着研究和实践越来越多,人们认识到有些低 RPN 的风险反而比高 RPN 的风险更高,即使是相同的 RPN,其风险其实也有高低之别。

比如,一个失效链的严重度为 10,发生度为 4,探测度为 5,RPN 为 200,另一个失效链的严重度为 8,发生度为 5,探测度为 6,RPN 为 240,从 RPN 的数值上来看,后一个失效链的风险似乎更高,应该优先采取措施。实际上,由于有非常高的严重度(人员伤亡),同时发生度和探测度也不低,因此虽然 RPN 比后者低,但前一条失效链的风险其实更高。产生这个问题的原因是,RPN 认为严重度、发生度和探测度同等重要,这与实际情况相背离,事实上,严重度应该优先于发生度,而发生度又优先于探测度。

RPN 的第二个问题在于它把三个单项指标平均化了,较高的指标会被较低的指标中和,因此,从 RPN 的数值看不出较高的单项指标,从而失去了优化改进的指示。这就像高绩效员工和低绩效员工放在一起评价,其平均绩效还算令人满意,因此可能失去进一步提高的机会。

人们对 RPN 的认知深化之后,逐渐取消了 RPN 的限定值,而是用它来排列风险优先处理的顺序,这就像它的名字一样,更多地起到"优先风险"的作用,而不是衡量风险的绝对高低。看风险的高低,还要看具体的严重度、发生度和探测度三个指标。

风险矩阵借鉴了风险管理的方法,它把单项指标制作成坐标轴,比如用严重度作为横轴,发生度作为纵轴,然后将坐标轴中不同的区域划分为红黄绿三种颜色,红色代表高风险,黄色代表中风险,绿色代表低风险。运用风险矩阵时,首先确定评价结果落入的坐标区域,然后根据该区域的颜色决定该风险的高中低等级。风险矩阵起到了很好的视觉化效果,遗憾的是,它每次只能考虑两种指标,而不能同时三者兼顾。

AP 即措施优先度,是汽车行业最新研制的综合指标。RPN 是风险优先数,试图排列风险的相对大小,而 AP 是措施优先度,它的目的不是排列风险,而是指示优化改进项的优先级别。AP 同时考虑了严重度、发生度和探测度,并且更看重严重度,其次是发生度,最后是探测度,这和风险大小的实际情况是一致的。

根据严重度、发生度、探测度三个指标的不同分布,AP 给出了可能的三种结果,分别是优先度高、优先度中和优先度低。在实际运用中,需要根据严重度、发生度和探测度的三个数值查询如表 3 - 31 所示的 DFMEA 措施优先度评价准则或利用内置了 AP 表的工具,得到 AP 的结果。

对措施优先度高的失效链需要采取优化改进措施,否则需要写明措施足够的原因。对优先度为中的失效链应该采取优化改进措施,由组织自己定义在优先度为中时是否需要写明措施足够的原因。对优先度低的失效链能够采取优化改进措施。

表 3-31　DFMEA 措施优先度评价准则

影响	S	失效原因发生预测	O	探测能力	D	措施优先级（AP）
非常高	9、10	非常高	8~10	低~非常低	7~10	高
				中	5、6	高
				高	2~4	高
				非常高	1	高
		高	6、7	低~非常低	7~10	高
				中	5、6	高
				高	2~4	高
				非常高	1	高
		中	4、5	低~非常低	7~10	高
				中	5、6	高
				高	2~4	高
				非常高	1	中
		低	2、3	低~非常低	7~10	高
				中	5、6	中
				高	2~4	低
				非常高	1	低
		非常低	1	非常高~非常低	1~10	低
高	7、8	非常高	8~10	低~非常低	7~10	高
				中	5、6	高
				高	2~4	高
				非常高	1	高
		高	6、7	低~非常低	7~10	高
				中	5、6	高
				高	2~4	高
				非常高	1	中
		中	4、5	低~非常低	7~10	高
				中	5、6	中
				高	2~4	中
				非常高	1	中
		低	2、3	低~非常低	7~10	中
				中	5、6	中
				高	2~4	低
				非常高	1	低
		非常低	1	非常高~非常低	1~10	低

（续）

影响	S	失效原因发生预测	O	探测能力	D	措施优先级（AP）
中	4~6	非常高	8~10	低~非常低	7~10	高
				中	5、6	高
				高	2~4	中
				非常高	1	中
		高	6、7	低~非常低	7~10	中
				中	5、6	中
				高	2~4	中
				非常高	1	低
		中	4、5	低~非常低	7~10	中
				中	5、6	低
				高	2~4	低
				非常高	1	低
		低	2、3	低~非常低	7~10	低
				中	5、6	低
				高	2~4	低
				非常高	1	低
		非常低	1	非常高~非常低	1~10	低
低	2、3	非常高	8~10	低~非常低	7~10	中
				中	5、6	中
				高	2~4	低
				非常高	1	低
		高	6、7	低~非常低	7~10	低
				中	5、6	低
				高	2~4	低
				非常高	1	低
		中	4、5	低~非常低	7~10	低
				中	5、6	低
				高	2~4	低
				非常高	1	低
		低	2、3	低~非常低	7~10	低
				中	5、6	低
				高	2~4	低
				非常高	1	低
		非常低	1	非常高~非常低	1~10	低
非常低	1	非常低~非常高	1~10	非常高~非常低	1~10	低

3.5.7　制订验证计划

DFMEA 识别了应对设计风险的预防和探测措施，对当前的检测类措施来说，DFMEA 虽然解决了做什么的问题，然而并没有明确如何去做。如果没有文件对这些措施进行统一安排，这些措施将分散在各处，并且模糊不清，很难保证它们全部落实到位，其结果就是实际的风险将达不到预期效果，这将导致问题的发生。

为了把检测类措施正确落实到位，需要对这些措施进行计划，这就涉及测试项目、接受准则、测试程序以及样本大小、时间安排等问题。因此，推荐制订验证计划，把所有检测类措施从 DFMEA 转移到验证计划中并追踪执行。验证计划的主要内容见表 3 - 32，取决于需要，可以把验证报告部分放在验证计划部分之后，形成验证计划和报告文件，以显示该项测试的结果通过与否。

表 3 - 32　验证计划

编号	程序标准	测试描述	接受标准	目标要求	测试负责人	测试时期	样本数量	样本类型	计划开始日期	计划完成日期

其中，编号表示试验的编号。程序或标准指定了该项测试遵从的程序或者标准。测试描述简要描述了该项测试方法，比如温度循环测试：在 ×× ℃ 到 ×× ℃ 下循环 ××× 次测试。

接受标准指明了测试目标，即每次测试判断通过或不通过的准则，比如，在 ××× 次温度循环下，没有测试不良。目标要求表明了测试的可靠性要求或者满足接受准则的可能性要求，比如 R90（90% 可靠性）、C90（90% 置信度）、100% 等。

测试负责人明确了负责此项测试的人员，详细到负责人的姓名。测试时期区分了测试的阶段，比如设计验证（DV）或生产确认（PV）。样本数量指定了用于该项测试的样本大小，比如 10 片。样本类型指定了用于该项测试的样本类型，样本类型取决于组织的定义，比如手工样件、工装样件等。

计划开始日期计划了开始此项测试的时间。计划完成日期计划了完成此项测试的时间。

DFMEA 和验证计划之间常见的问题是两者不匹配，比如，DFMEA 中的检查或测试项目没有在验证计划中得到反映和安排，这将导致这些措施可能没有得到系统地执行和追踪。或者，验证计划中的测试项目没有在 DFMEA 中体现，没有把该项测试纳入风险的考虑中，其存在的意义因此受到怀疑。

3.5.8　制订规格文件

在 DFMEA 中，已经识别了设计的风险，并且采取了预防和探测措施，这些措施将保证设计的正确性。规格文件，比如图样、规格书等是产品设计的输出，是 DFMEA 保证设计正确之后的成果反映。所以，DFMEA 应该是制作规格文件的输入，而规格文件是 DFMEA 结果的输出。不仅需要根据 DFMEA 的结果制定规格文件，作为设计的执行文件，规格文件也需要制定得清晰明确，以免使用者产生误解，影响了规格的执行。

DFMEA 和规格文件之间常见的问题是两者不匹配，比如，DFMEA 定义的一种设计在规格文件中并不存在，这将导致实际的风险仍然没有降低。再比如，规格文件中的某个设计，DFMEA 并未对此做过研究，这将导致设计存在较大的不确定性，也没有相应的应对措施。DFMEA 和规格文件应该是设计的和谐统一体，这两项工作都是产品设计者同等重要的任务。

为了保证 DFMEA 和规格文件之间的匹配，不仅需要根据 DFMEA 的结果制定规格文件，而且当规格文件需要变更前，也需要先运用 DFMEA 研究风险并制订预防和探测措施。此外，DFMEA 和规格文件之间的匹配检查应该成为验证 DFMEA 的重点之一。

3.5.9　DFMEA 风险分析案例

DFMEA 的风险分析可以分为以下两个步骤：1）识别当前预防失效原因的预防措施，识别当前探测失效原因或/和失效模式的探测措施，直到能百分之百探测和控制失效或者已经没有探测措施为止；2）考虑当前措施的效果和失效的实际情况，根据评价准则，评估失效的严重度（S）、发生度（O）、探测度（D），计算综合指标。

失效分析完毕之后，团队对刮水器电子控制单元进行了风险分析。他们识别了应对每条失效链当前的预防和探测措施，然后根据评价准则评价了它们的风险大小。其中，失效的严重度来源于系统的 DFMEA，而系统的 DFMEA 根据 ECU 在车辆上的功能评价了严重度。相同的失效在不同层次的 FMEA 中，其严重度应该具有一致性。

对"内定位柱的尺寸设计过小，导致印制电路板的水平移动过大"造成"印制电路板在盖体内的水平或垂直移动大于 ×××mm"，再导致"在设计范围内，电子控制单元由于机械、电气、热应力或内外媒介而损坏"这条失效链，当前的预防措施是"采用与 ××× 产品相同的设计"。但团队认识到两种产品的内定位柱在它们相配合的零件尺寸上有些许不同，所以团队不能确定这种预防措施的效果，发生概率评价为中，发生度评价为 5。当前的探测措施是"对样件的盖体和印制电路板进行相对移动分析，测试报告参见 ×××"，团队认为该探测措施属于经过证明的通过/不通过测试，探测能力评价为高，探测度评价为4。最终，基于各自的单项指标，措施优先度（AP）评价为高。

对"内定位柱的刚度或强度设计不足，导致印制电路板的水平移动过大"造成"印制电路板在盖体内的水平或垂直移动大于×××mm"，再导致"在设计范围内，电子控制单元由于机械、电气、热应力或内外媒介而损坏"这条失效链，当前的预防措施是"对受力进行仿真分析，基于材料目录选择物料，仿真分析结果参见×××"，团队认为该预防方法可以很好地预防失效原因，发生概率评价为非常低，发生度评价为2。当前的探测措施是"按照×××标准，对×××样件进行机械刚度和强度实验，测试报告参见×××"，团队认为这种测试并不能探测在化学条件下或高温条件下，内定位柱和内卡扣的刚度或强度的削弱，因此，团队认为这种探测措施是没有证明过的，探测能力低，探测度评价为7。最终，基于各自的单项指标，措施优先度评价为高。

对"内卡扣设计过高或过窄，导致印制电路板的垂直移动过大"造成"印制电路板在盖体内的水平或垂直移动大于×××mm"，再导致"在设计范围内，电子控制单元由于机械、电气、热应力或内外媒介而损坏"这条失效链，当前的预防措施是"基于×××设计规则进行设计"，但团队认为该预防措施没有考虑和内卡扣相配合的印制电路板的厚度变化，所以团队不能确定这种预防措施的效果，发生概率评价为中，发生度评价为5。当前的探测措施是"对样件的盖体和印制电路板进行相对移动分析，测试报告参见×××"，团队认为该探测措施属于经过证明的通过/不通过测试，探测能力评价为高，探测度评价为4。最终，基于各自的单项指标，措施优先度评价为高。

对"内卡扣的刚度或强度设计不足，导致印制电路板的垂直移动过大"造成"印制电路板在盖体内的水平或垂直移动大于×××mm"，再导致"在设计范围内，电子控制单元由于机械、电气、热应力或内外媒介而损坏"这条失效链，当前的预防措施是"对受力进行仿真分析，基于材料目录选择物料，仿真分析结果参见×××"，团队认为该预防方法可以很好地预防失效原因，发生概率评价为非常低，发生度评价为2。当前的探测措施是"按照×××标准，对×样件进行机械刚度和强度实验，测试报告参见×××"，团队认为这种测试并不能探测在化学条件下或高温条件下，内定位柱和内卡扣的刚度或强度的削弱，因此，团队认为这种探测措施是没有证明过的，探测能力低，探测度评价为7。最终，基于各自的单项指标，措施优先度评价为高。

风险分析结果见表3-33，从中可以看出，这些失效链的措施优先度都为高，急切需要优化改进措施来降低风险。

表 3 - 33　DFMEA 风险分析案例

失效影响	失效模式	失效原因	预防措施	探测措施	S	O	D	AP
[刮水器电子控制单元] 在设计范围内，电子控制单元由于机械、电气、热应力或内外媒介而损坏	[盖体] 印制电路板在盖体内的水平或垂直移动大于×××mm	[内定位柱] 内定位柱的尺寸设计过小，导致印制电路板的水平移动过大	采用和×××产品相同的设计	对样件的盖体和印制电路板进行相对移动分析，测试报告参见×××	10	5	4	高
		[内定位柱] 内定位柱的刚度或强度设计不足，导致印制电路板的水平移动过大	对受力进行仿真分析，基于材料目录选择物料，仿真分析结果参见×××	按照×××标准，对×样件进行机械刚度和强度实验，测试报告参见×××	10	2	7	高
		[内卡扣] 内卡扣设计过高或过窄，导致印制电路板的垂直移动过大	基于×××设计规则进行设计	对样件的盖体和印制电路板进行相对移动分析，测试报告参见×××	10	5	4	高
		[内卡扣] 内卡扣的刚度或强度设计不足，导致印制电路板的垂直移动过大	对受力进行仿真分析，基于材料目录选择物料，仿真分析结果参见×××	按照×××标准，对×样件进行机械刚度和强度实验，测试报告参见×××	10	2	7	高

3.6　优化改进

经过风险分析，如果风险的大小不可接受，需要定义优化改进措施降低设计风险。优化改进（Optimization）改进了设计，降低了产品风险，因此是 FMEA 中最有价值的步骤。但这并不意味着其他步骤没有价值，实际上，其他步骤是创造价值的基础。

在优化改进步骤中需要仔细审视所分析的失效链以及当前的措施，然后基于风险的三个单项指标和综合指标，努力思考改进的机会，策划、执行、评估进一步的预防和/或探测措施来降低风险，优化改进从事的设计。

优化改进过程用到的最重要的工具是 PDCA 循环（策划—执行—检查—处理）。在PDCA 循环中，需要定义优化改进措施，指定责任人和目标完成时间，然后执行和追踪这些优化改进措施，完成后再评估措施的有效性，如果措施没达到预期的效果，则需要重复此优化改进的过程，直到风险可以接受为止。每经过一个 PDCA 循环，设计就改进一次，不断地转动 PDCA 循环，设计就处在持续的改进之中。于是，风险不断降低，顾客更加满意。

3.6.1　策划改进

为了达到投入小收益大的效果，对优化改进的先后顺序有一定要求。在面对若干条失效链时，首先应该关注那些高的严重度，其次是高的发生度，接下来是高的探测度的失效链。当任一指标不满足期望时，需要检查是否可以策划优化改进措施。

对于严重度等于 9 或者 10 的失效，由于这类失效影响到法律法规或者人身安全，危害程度非常高，所以应该最先受到关注，需要检查是否可以有措施降低严重度。相对于降低其他指标，降低严重度更困难些，一般改变产品的设计才能降低失效的严重度，比如，可以通过改变设计的实现方案、增加失效-安全功能、增加系统的监视和响应来降低严重度。

对于严重度在 8 或者 8 以下的失效，需要优先考虑降低较高的发生度，然后再降低较差的探测度。发生度较高意味着不良品偏多，这些偏多的不良品会产生额外生产成本并增加问题产品流出的风险，降低发生度可以降低这些成本和顾客抱怨的风险。而需要用到探测时，不良品可能已经发生，成本以及对顾客的威胁已经铸成。所以，相对于探测，预防更节省成本，并且相对于购买测试工具或设备作为探测措施而言，预防措施需要的花费一般更低，获取更可靠的信息和知识、谨慎地研究产品功能的因果关系、在产品上增加一些简单的特征就可以降低失效的发生概率。

对较差的探测度，也需要考虑改善的机会，虽然探测时，错误已经铸成，但可以减少失效进一步蔓延的概率。探测出零件的失效可以减少模块发生问题的概率，发现模块的失效可以减少产品发生问题的机会，而探测产品的失效可以减少失效产品发布的概率。增加测试项目、选用更可靠的测试方法往往可以改善探测度。此外，探测还有一个关注点，即探测的及时性。如果探测的时机安排较晚，万一测试不通过，可能因为更新设计而修改工装，进而导致生产延迟。在时间就决定着组织生死存亡的时代，这是非常高昂的成本。所以，在评估探测的效果之后，还要检查探测的及时性如何，是否需要更早的探测。

基于三个单项指标检查优化改进措施的需求之后，还要检查综合指标，如果综合指标显示风险优先度或者措施优先度仍然较高，则需要继续策划优化改进的措施，一直到风险不管从单项指标还是从综合指标都可接受为止。如果策划的结果是没有可靠的措施降低高风险，那么取决于顾客和组织的要求，可能需要证明和记录措施足够的理由。

策划优化改进措施之后，要对优化改进措施执行之后的效果有预期的估计，也就是评价新的严重度、发生度和探测度。这些预期不仅提供是否需要继续策划优化改进的信息，而且给优化改进措施的执行提供目标，为措施效果的检查验证提供基准。

　　优化改进措施的选择不仅关注效果和及时性，财务、时间、策略和副作用也是需要考虑的因素。如果采用某项措施的成本花费远大于由它减少的失效成本，那么很多人可能并不会选择该项措施；相对于需要花费很长时间才能导入的措施，很多人更倾向于选择短时间就可以见效的措施，否则，在这么长时间之内，很可能由于一直没有有效的风险管理而发生问题，除非安排了临时措施；虽然财务和时间是重要的考虑因素，但如果项目的策略是严防一切风险，而不太在乎成本或时间，那措施的选择范围就更大了；此外，优化改进措施是否还会带来其他问题，肯定也是要关注的。

　　值得注意的是，如果优化改进的措施是更新产品设计，并且这已经影响到了之前 DFMEA 的分析内容，那就不能仅仅把这些措施作为优化改进的措施，还要对影响的 DFMEA 内容也做相应更新，因为之前的分析内容已经不适用于最新情况了。

　　策划优化改进措施之后，为了保证这些措施按要求并及时地执行到位，需要为每个措施定义唯一的责任人。责任人的定义必须清楚且具体，要写出他的姓名，而不是代替以部门或者职位名称。否则，将会没人关注这些措施，也没人执行这些措施，将来发生问题也没有人对这些措施负责。

　　为了提高优化改进措施被执行并且正确执行的概率，需要和措施责任人一起定义这些措施。这样责任人就有了主人翁意识，知道这些措施的意义和要求，于是更有理性和意愿去执行这些措施。把措施分配给不在场的人，虽然定义起来容易而迅速，没有人前来阻挠，但将来的执行常常困难重重。一厢情愿、自说自话地定义优化改进措施，后来才发现根本没有人去执行，这简直是在浪费时间、容忍高风险一直"逍遥法外"。

　　定义优化改进措施和预期结果、指定措施责任人之后，接下来就要为这些措施定义合理的目标完成时间。需要注意的是，这个时间是措施执行后并且评估效果完成的时间。措施执行后都要经过评估以确认是否达到预期的效果，如果措施达不到效果，就需要找出原因解决问题或者更新计划，只有措施有效了，风险才能真正地得到降低。

　　如果优化改进措施定义的完成时间太晚，那这些风险就没有得到及时降低，在这么长的时间里，风险可能演变成实实在在的问题；而如果定义的完成时间太早，那可能不能按时完成这些措施，需要不断地修改目标时间，这是没有意义的行为。一般来说，设计的优化改进措施需要在生产工装准备之前完成，其目的是减少产品对生产的影响以及减少产品在正式运行时的风险。

3.6.2　策划监视和系统响应

　　在产品中，有些失效会影响人员安全或者违反法律法规，为了降低它们的严重程度，设计人员可能会在产品中添加监视和系统响应功能（Monitoring and System Response, MSR）。

这种功能一直监视产品的表现，一旦发生这样的失效，产品会立刻启动响应以限制甚至杜绝这样的严重影响，从而达到安全状态。在如此重要的场合，最大限度地保证监视和系统响应功能是非常重要的，这就产生了对它进行失效模式和影响分析的需要，这就是 FMEA-MSR（监视和系统响应的 FMEA）。

FMEA-MSR 作为 DFMEA 的补充，评价了具有监视和系统响应功能的产品在最终用户使用过程中这种功能失效的风险，从而策划进一步的监视和系统响应措施，以保证监视和系统响应的有效性，从而绝对地改变原先失效链中的严重影响，代之以相对较轻的影响。

FMEA-MSR 采用了与 DFMEA 同样的七步法，即策划和准备、结构分析、功能分析、失效分析、风险分析、优化改进、结果文件化。其中，FMEA-MSR 的结构分析、功能分析和失效分析与普通的 DFMEA 相似；而风险分析和优化改进则与 DFMEA 不同，DFMEA 研究的是研发阶段的预防和验证措施，而 FMEA-MSR 研究的是车辆在最终用户使用时，系统的监视和响应措施。

当产品中存在监视和系统响应功能并借以实现安全或法律法规的目标时，按照顾客和组织的需要实施 FMEA-MSR 的策划和准备。在电动车窗电子控制单元产品中，霍尔传感器一直监视着电动机的转速，当电动车窗升起的过程中遇到阻力时，电动机转速会降低，霍尔传感器一旦检测到转速有变化就会向电子控制单元报告信息，电子控制单元再向继电器发出指令，于是电路中电流反向，使电动机停转或反向旋转，从而车窗停止移动或做下降运动，因此具有了防夹功能。由于电子控制单元存在监视和系统响应功能并借以实现安全目标，因此，组织决定对其开展 FMEA-MSR 工作。

监视和系统响应单元一般包含传感器、电子控制单元以及执行机构这些零部件，其中，传感器感应异常信号，电子控制单元处理和发送信号，执行机构执行响应措施。MSR 的结构分析包含了分析范围内的上述元器件，如果某个元器件不在组织控制之内，需要识别该元器件在分析范围内的接口部分。在电动车窗电子控制单元产品中，上级元素是升窗系统，而下级元素包含了霍尔传感器模块、微处理器和电动机驱动等。表 3-34 展示了电子控制单元中包含微处理器的结构分析。

表 3-34   FMEA-MSR 结构分析案例

上层元素	关注元素	下层元素或特性类型
升窗系统	电子控制单元	微处理器

FMEA-MSR 的功能分析研究了所有结构元素的功能以及功能的因果关系，这些功能一般包括识别、处理和发送信号、执行响应等。在电动车窗电子控制单元产品中，其待研究的

功能是"在夹手或夹脖子的情况下，电子控制单元提供信号停止和反转电动机，满足规格
×××"，此功能的目的是升窗系统"提供防夹保护功能，防止手或者脖子被夹"，而其实现
的原因之一是"微处理器读取来自霍尔传感器信号的方向"。表 3 - 35 展示了电子控制单元
中包含微处理器的功能分析。

表 3 - 35　FMEA-MSR 功能分析案例

上层功能和要求	关注元素的功能和要求	下层功能和要求或特性
［升窗系统］ 提供防夹保护功能，防止手或者脖子被夹	［电子控制单元］ 在夹手或夹脖子的情况下，电子控制单元提供信号停止和反转电动机，满足规格×××	［微处理器］ 微处理器读取来自霍尔传感器信号的方向

　　FMEA-MSR 的失效分析识别了结构元素所有功能的失效以及失效的因果关系，这些失效一般包括不能或错误识别、处理和发送信号、不能或错误执行响应等。在电动车窗电子控制单元产品中，如果微处理器读错来自霍尔传感器的方向信号，那么在夹手情况下，电子控制单元就不能提供反向信号停止和反转电动机，于是升窗系统不能提供防夹保护功能，手或者脖子可能被夹。表 3 - 36 展示了这样的失效分析。

表 3 - 36　FMEA-MSR 失效分析案例

失效影响	失效模式	失效原因
［升窗系统］ 不能提供防夹保护功能，手或者脖子可能被夹	［电子控制单元］ 在夹手情况下，电子控制单元不能提供反向信号停止和反转电动机	［微处理器］ 微处理器读错来自霍尔传感器的方向信号

　　FMEA-MSR 的风险分析识别了当前的监视和系统响应，并评价了当前风险。就评价风险的指标来说，FMEA-MSR 和 DFMEA 都有严重度和措施优先度，虽然它们的严重度评价准则是一样的，但措施优先度评价准则却是不一样的。除此之外，FMEA-MSR 采用了频度（F）和监视度（M）指标，而不是发生度和探测度。发生度和探测度评价的是研发阶段控制措施的质量，而频度和监视度评价了最终用户使用时，系统应对失效的能力。

　　频度评价了在车辆或系统的使用寿命内，失效原因发生的可能，其评价准则见表 3 - 37。评价准则显示，随着频度分值的提高，每百万辆车中，失效原因的发生概率也在不断增加。另外，可以根据车辆在相关操作条件的暴露可能性，适当调整发生原因频度的数值。比如，某种操作条件相对于车辆整个运行时间的百分比小于 10%，相关失效原因的频度可以在原先的评价准则基础上降低 1 分，见表 3 - 38。

表 3-37   FMEA-MSR 频度评价准则

F	估计的频率	FMEA-MSR 频率评价准则
10	极高或不能决定	在车辆的使用寿命内，不知道失效原因的发生频率或者频率不可接受得高
9	高	在车辆的使用寿命内，失效原因在现场很可能发生
8		在车辆的使用寿命内，失效原因在现场经常发生
7	中	在车辆的使用寿命内，失效原因在现场发生频繁
6		在车辆的使用寿命内，失效原因在现场发生有些频繁
5		在车辆的使用寿命内，失效原因在现场偶尔发生
4	低	在车辆的使用寿命内，失效原因在现场很少发生。在现场，一百万辆车至少发生十起
3	非常低	在车辆的使用寿命内，失效原因发生在个别情况下。在现场，一百万辆车至少发生一起
2	极低	在车辆的使用寿命内，基于预防和探测措施以及相似产品的现场经验，失效原因在现场不会发生。个案不能被排除。没有证明表明不会发生
1	不会发生	在车辆的使用寿命内，失效原因不会发生或者已被消除。证据表明失效原因不会发生。有书面化的判断依据

表 3-38   频度降低分值参考

操作条件相对整个运行时间的百分比	F 可以降低的数值
<10%	1
<1%	2

监视度评价了在最终顾客操作时，监视和系统响应功能探测失效以及触发响应的能力，其评价准则见表 3-39。评价准则显示，随着监视度分值的提高，系统或驾驶人的探测能力在降低，系统或驾驶人做出反应的能力也在降低。由于监视和系统响应组合在一起才可能控制严重度，所以，在决定监视度时，需要选取实际的监视和系统响应这两种措施中效果相对较差的分值。

表 3-39   FMEA-MSR 监视度评价准则

M	监视和系统响应效果	监视准则	系统响应准则
10	无效	失效根本不能被系统、驾驶人、乘客或维修人员探测到，或者不能在失效容忍时间内探测到	在失效容忍时间内没有响应
9	非常低	失效在相关操作条件下几乎不能被探测到。监视控制有效性低、高变差或高不确定性。预期覆盖率极低	自动系统或驾驶人对探测到的失效不能可靠地做出反应

(续)

M	监视和系统响应效果	监视准则	系统响应准则
8	低	失效在非常少的相关操作条件下被探测到。监视控制有效性低、高变差或高不确定性。预期覆盖率低于60%	自动系统或驾驶人对探测到的失效不能总是做出反应
7	中等低	在失效的容忍时间内，系统或驾驶人探测失效的可能性低。监视控制有效性低、高变差或高不确定性。预期覆盖率超过60%	自动系统或驾驶人对探测到的失效做出反应的可能性低
6	中	仅仅在启动期间，系统自动或者驾驶人以中等的时间变差探测失效。预期覆盖率超过90%	在许多操作条件下，自动系统或驾驶人能够对探测到的失效做出反应
5		在失效的容忍时间内，系统以中等的时间变差，自动探测出失效，或者驾驶人在非常多的操作条件下能探测到失效。预期覆盖率约为90%~97%	在非常多的操作条件下，自动系统或驾驶人能够对探测到的失效做出反应
4	中等高	在失效的容忍时间内，系统以中等的时间变差，自动探测出失效，或者驾驶人在大多数操作条件下能探测到失效。预期覆盖率超过97%	在大多数操作条件下，自动系统或驾驶人能够对探测到的失效自动做出反应
3	高	在失效的容忍时间内，系统以非常低的时间变差，高可能性自动探测出失效。预期覆盖率超过99%	在大多数操作条件下，系统能够对探测到的失效以非常低的时间变差、高可能性做出反应
2	非常高	在失效的容忍时间内，系统以非常低的时间变差，非常高的可能性自动探测出失效。预期覆盖率超过99.9%	系统总是能对探测到的失效以非常低的时间变差、非常高可能性地自动做出反应
1	对原先的失效影响的消除是可靠的和可接受的	系统总能自动探测出失效。预期覆盖率显著超过99.9%	系统总是能对探测出的失效自动做出反应

　　综合考虑严重度、频度和监视度的综合指标仍然是措施优先度，其评价准则见表 3-40。根据这三种指标的不同分布，AP 给出了可能的三种结果，分别是优先度高、优先度中、优先度低。对措施优先度高的失效链需要采取优化改进措施，否则需要写明措施足够的原因。对优先度为中的失效链应该采取优化改进措施，由组织自己定义在优先度为中时，是否需要写明措施足够的原因。对优先度低的失效链能够采取优化改进措施。

表 3 – 40　FMEA-MSR 措施优先度评价准则

影响	S	失效原因发生预测	F	监视效果	M	措施优先级（AP）
非常高	10	中~极高	5~10	可靠~无效	1~10	高
		低	4	中高~无效	4~10	高
				非常高~高	2、3	高
				可靠	1	中
		非常低	3	中高~无效	4~10	高
				非常高~高	2、3	中
				可靠	1	低
		极低	2	中高~无效	4~10	中
				可靠~高	1~3	低
		不会发生	1	可靠~无效	1~10	低
	9	低~极高	4~10	可靠~无效	1~10	高
		极低~非常低	2、3	非常高~无效	2~10	高
				可靠	1	低
		不会发生	1	可靠~无效	1~10	低
高	7、8	中~极高	6~10	可靠~无效	1~10	高
		中	5	中高~无效	5~10	高
				可靠~中高	1~4	中
		低	4	中低~无效	7~10	高
				中高~中	4~6	中
				可靠~高	1~3	低
		非常低	3	非常低~无效	9、10	高
				中低~低	7、8	中
				可靠~中	1~6	低
		极低	2	中低~无效	7~10	中
				可靠~中	1~6	低
		不会发生	1	可靠~无效	1~10	低
中	4~6	高~极高	7~10	可靠~无效	1~10	高
		中	5、6	中~无效	6~10	高
				可靠~中高	1~5	中
		极低~低	2~4	非常低~无效	9、10	中
				中高~中	7、8	中
				可靠~中	1~6	低
		不会发生	1	可靠~无效	1~10	低

（续）

影响	S	失效原因发生预测	F	监视效果	M	措施优先级（AP）
低	2、3	高~极高	7~10	可靠~无效	1~10	高
		中	5、6	中低~无效	7~10	中
				可靠~中	1~6	低
		极低~低	2~4	可靠~无效	1~10	低
		不会发生	1	可靠~无效	1~10	低
非常低	1	不会发生~极高	1~10	可靠~无效	1~10	低

在电动车窗电子控制单元产品中，对"微处理器读错来自霍尔传感器的方向信号"造成"在夹手情况下，电子控制单元不能提供反向信号停止和反转电动机"，再导致"不能提供防夹保护功能，手或者脖子可能被夹"这条失效链，团队认为微处理器是根据微处理器的数据手册选择的，并且已经完成了电动机转速和转向测试，因此估计失效的发生频率极低，频度为 2，但在失效链的发生过程中，系统当前没有监视和响应措施，监视度为 10，于是，失效影响没有改变，还是"不能提供防夹保护功能，手或者脖子可能被夹"，严重度仍然是 10。最终，基于各自的单项指标，措施优先度评价为中。

表 3 - 41 展示了 FMEA-MSR 风险分析的结果，其中，频度依据说明的是频度如此评价的理由，这可能是失效的数据、FMEA 的执行结果等。

表 3 - 41　FMEA-MSR 风险分析案例

频度依据	失效原因频度（F）	当前监视	当前系统响应	监视度（M）	系统响应后最严重的失效影响	监视和系统响应后的严重度（S）	措施优先度（AP）
根据微处理器的数据手册选择微处理器已经完成了电动机转速和转向测试	2	无	无	10	不能提供防夹保护功能，手或者脖子可能被夹	10	中

FMEA-MSR 的优化改进策划了进一步的监视和系统响应措施，这些优化改进措施可能是真实性检查、额外的传感器、冗余设计等。通过这些措施，优化了监视度或者改变了失效链到较低的失效影响上，从而达到安全状态。

在电动车窗电子控制单元产品中，策划引入进一步的监视和系统响应措施，即用软件来进行真实情况的检查，一旦检查出系统和实际情况不对应，电动机立刻停止以保证人员的安全。预期此措施的有效性非常可靠，因此改变了原先的失效链，失效影响由原先的"不能提供防夹保护功能，手或者脖子可能被夹"变化为"窗子需要手工打开，舒适度受影响"。通过优化改进，措施优先度从中变成低，保证了升窗系统的安全性。

表 3-42 展示了 FMEA-MSR 优化改进的结果。

表 3-42 FMEA-MSR 优化改进结果案例

优化预防	优化监视	优化响应	系统响应后最严重的失效影响	监视和系统响应后的严重度（S）	责任人	目标完成日期	状态	采取的措施及证据	完成日期	频度（F）	监视度（M）	措施优先度（AP）
无	软件监视霍尔传感器的相位关系并与实际控制的逻辑关系做对比	电动机停止	窗子需要手工打开，舒适度受影响	6	×××	××××年××月××日	执行中			2	1	低

3.6.3 实施改进

策划完优化改进措施之后，DFMEA 工作分成两部分，一部分是进入结果文件化步骤，形成 DFMEA 文件并向相关方汇报，而另一部分是执行和追踪优化改进措施。

策划完优化改进措施，接下来就要在实践中执行这些措施。由于优化改进措施针对的不是已经发生的问题，所以措施责任人可能虚假地认为这些措施并不急迫，而且这些措施是由团队计划而不是上级安排的任务，这也似乎让措施责任人缺少了行动的动力，因此，在执行改进阶段最容易发生的问题就是拖延。

拖延的直接结果就是不能按时完成优化改进措施。于是，高风险不能按时降低，设计就一直在高风险下运行，长此以往，风险就可能演变成实实在在的问题，导致失效成本增加、顾客投诉，甚至造成更加严重的后果。因此，没有合理理由的拖延者真应该为将来的损失承担责任！

拖延者可能给出看似合理的理由：每天太忙，根本没有时间做优化改进措施。其实看看他们的工作内容，你会发现他们每天做的很多工作都是解决问题，那这些问题是怎么来的？其实，现在的大部分问题都是当初没有做好预防措施造成的。同样地，今天没有做好风险预防，明天还要解决更多的问题。拖延者虚假地认为自己的忙碌颇有成就，其实，这种成就是让组织将来承受更多的问题、各种损失、说不定哪天忽然来临的法律责任。所以，按时执行优化改进措施绝对是非常重要的工作，绝对不可忽视！顾客和审核员深知按时完成优化改进措施的重要性，检查此项内容一直是他们的关注重点之一。

无论执行人是自己，还是供应商，都要明确优化改进措施的目标完成时间以及这些措施希望达到的效果。越是重要和复杂的措施越要趁早执行，趁早执行才能为实际发生的问题留下足够的解决时间，这样才能在目标完成时间之内完成优化改进措施。同时，在执行措施之前还要设想一下可能出现的风险，比如会不会损坏产品，会不会带来产品的其他问题，提前做好预防和探测措施，争取一次就做到位并减少各种副作用。

3.6.4　检查改进

优化改进措施很多时候是针对高风险的，这些措施在实际中还没有实现，如果不能按时完成或者完成后的效果不如预期，那风险还是不能降低到期望的程度，设计仍然处在高风险之中，这就很容易演变成真正的问题。而检查的作用就在于促进优化改进措施按时有效地完成。

检查优化改进措施包括追踪措施执行以及验证措施效果这两项工作。追踪措施执行的目的是确保优化改进措施按时完成，而验证措施效果的目的是保证优化改进措施切实有效。这两项工作的目的都是及时降低风险。

措施的责任人当然自己就可以进行这两项工作，但自检的效果一般不会太好，除非他有坚强的意志力和执行力。所以，一般还需要其他人来追踪和验证优化改进措施，比如 FMEA 负责人（例如项目经理）定期或不定期地追踪优化改进措施的执行情况，当它们完成时，确认这些措施的效果。

追踪措施执行并不是说等到了目标完成时间，询问一下措施责任人措施的执行情况。因为如果这个时候才追踪，那么优化改进措施有很大概率没有完成，甚至还没开始执行，而这时候已经到了目标完成的时间，只能接受优化改进措施延迟这样的现实，因此只能继续面对失效的高风险。

因此，一次追踪很显然还不够，如果在目标完成时间之前再追踪一次，那效果肯定比覆水难收要好得多。但是由于这时候时间已经过半，对于比较复杂的措施，剩下来的时间可能不能保证措施的完成。所以，较为理想的做法是，除了以上追踪之外，再追加一次追踪。于是，把措施计划完成时间分为三段，第一次追踪如果发现措施还没开始，还是很有机会使措施按时完成；第二次追踪的目的是调整执行进度；第三次追踪也许只是检查一下措施的成功证据，如此，优化改进措施基本都能按时完成，风险能及时得到降低。

需要注意的是，追踪措施执行并不是冷漠地向措施责任人询问一下进展。有些时候，措施没有进展的原因是在执行过程中遇到了困难，如果这个时候没有得到帮助，很可能措施的执行一直会停滞不前。其实，大家都身处同一条船，保证设计的成功是大家共同的责任。所以，如果追踪后发现措施执行得不理想，可以询问其中的原因，了解执行中的困难，群策群力，团队一起解决问题。

在追踪措施的过程中，如果发现措施责任人一而再地延迟时间，本着对顾客和组织负责的精神，可能需要启动升级程序，告知管理层措施一再被拖延，风险有转化为现实问题的可能。如果调查发现大家确实都很尽力，那么经过相关方同意，可以定义新的目标完成时间，然后继续执行改进措施并追踪。

优化改进措施完成后，还需要验证措施的有效性，以真正达到风险降低的效果。DFMEA 措施的验证一般是检查设计是否已经有效经历了策划的预防或探测措施，因此，验证措施效果可以通过审查文件和记录、检查测试报告来进行。通过这些工作，把得到的结果和目标要求进行对比，就可以得到措施是否成功导入的结论。

3.6.5　处置结果

如果优化改进措施经过验证达到了预期效果，则需要留存措施有效的证据，这一方面是为了证明措施确实已经有效地完成，另一方面是为了将来的追溯。如果发现优化改进措施并没有达到预期效果，那就要解决这个问题，需要分析措施达不到效果的原因，针对原因采取纠正措施。如果经过努力最终还是达不到预期效果，或者虽然达到了效果还想进一步降低风险，那就要启动新一轮的 PDCA 循环，直到风险达到新的预期为止。

如果在措施的执行或验证过程中，确实发现设计存在问题，比如按计划做了一项测试，但设计没能通过这一测试，这时不能因此而自豪地觉得探测措施效果非常好，可以关闭此项措施了。事实上，一次执行或验证就发现设计的问题，这证明设计确实存在问题。因此，此时不应该着急关闭措施，而是要去解决设计现实存在的问题，并重新策划预防和探测措施，然后继续执行，继续检查和处理。

对优化改进措施，检查和处置的结果需要在下一步骤向管理层汇报，其作用是增强措施的执行和处置的动力，保证风险真正得到降低。

3.6.6　验证 DFMEA

不仅需要验证优化改进措施，还需要策划对当前措施的验证活动。就当前措施而言，如果它们在 FMEA 中被描述得天花乱坠，但实际上并没有执行或者并没有预期那样有效，那么实际风险就不会像策划的那样得到降低，风险管理就失去了应有的作用。于是，产品的不良率可能升高，顾客可能抱怨。所以，在 DFMEA 的任一模块分析之后，重要的一步就是检查当前措施究竟有没有被执行，如果执行了，效果是否符合预期。

由于验证活动需要不同工程师的参与，为了保证效果和效率，需要提前策划检查的内容、检查方法、日程表、参与人员、所需要的资料或资源。同时，也需要避免验证活动对产品可能的不良影响，比如，需要避免伤害人员、损坏产品或设备，避免不良品、试验品或混料的产品流出。

在验证当前措施的活动中，需要检查这些措施究竟有没有被正确执行，如果确实正确执行了，那还需要检查效果是否达到预期。检查时，将 DFMEA、验证计划和报告、规格文件以及产品相互对比，检查它们之间信息的一致性，从而保证 DFMEA 中的措施在文件中得到了正确执行，在实际中真实地存在这样的控制措施，并且执行的效果也达到了预期。

设计工程师可能会对措施的验证有些抗拒，他们也许会认为这是对他们工作的不信任。其实，每个人都可能出现记忆或意识偏差，大家以为的事实可能并不真是那样，鉴于人人都可能犯这样的错误以及问题出现后的种种严重后果，还是需要验证措施以保证它们在实际中确实按预期效果起了作用。为了消除这种抗拒、更好地发挥团队的力量，需要在验证前告诉他们，验证措施的目的不在于寻找是谁的错误，而在于优化设计，让设计产生更少的错误，减少将来的不良和顾客抱怨。大家需要保持开放的心态，勇于让问题暴露出来，把问题消除在萌芽状态。正因为如此，DFMEA 的验证放在了优化改进这一步。

如果当前措施验证的结果是没有执行或者没有达到预期效果，那就需要记录这些发现，然后定义纠正措施、责任人和计划完成时间，以弥补这些差距。接下来需要继续追踪它们的执行，并在执行完成后再次验证效果。

对 DFMEA 的验证结果以及采取的措施需要在下一步骤向管理层汇报，其作用是增强 DFMEA 验证和处置的动力，保证风险真正得到降低。

3.6.7 DFMEA 优化改进案例

DFMEA 的优化改进可以分为以下五个步骤：1）策划优化改进的预防和/或探测措施、目标风险状态，指定措施责任人和目标完成时间；2）执行和追踪未完成措施；3）评估完成的措施的效果；4）处置结果以及持续改进；5）验证 DFMEA。

风险分析完毕之后，团队对刮水器电子控制单元进行了优化改进。他们针对每条失效链检查是否可以采取优化改进措施，特别是那些具有高单项指标和高措施优先度的失效链。

针对"内定位柱的尺寸设计过小，导致印制电路板的水平移动过大"这个失效，当前的预防措施是"采用与×××产品相同的设计"，但团队认识到和这两个定位柱相配合的印制电路板定位孔的尺寸有些许不同，并不能完全采用相同的设计，所以团队不能确定这种预防措施的效果，发生度评价为 5，发生概率为中。认识到上述不足之后，设计工程师计划了新的优化改进措施"考虑和定位柱相配合的印制电路板的定位孔情况，进行公差计算"。设计工程师相信，通过这样的设计会保证设计的要求，能把发生度从 5 降为 3，执行完优化改进措施后，预期的措施优先度为低。之后，团队为此优化改进措施定义了责任人以及目标完成日期。

针对"内定位柱的刚度或强度设计不足，导致印制电路板的水平移动过大"这个失效，当前的探测措施是"按照×××标准，对××样件进行机械刚度和强度实验"，但团队认识到这种测试并不能探测在化学条件下或高温条件下，内定位柱的刚度或强度的削弱，因此，团队认为这种探测措施是没有证明过的，探测度评价为7，探测能力低。认识到上述不足之后，设计工程师计划了新的优化改进措施"耐化学测试、耐温测试"。设计工程师相信，这两条探测措施是经过证明的，并且他会周期地研究测试过程中的数据，因此，能把探测度从7降为2，执行完优化改进措施后，预期的措施优先度为低。之后，团队为此优化改进措施定义了责任人以及目标完成日期。

优化改进的结果见表3-43，从表中可以看出，经过优化改进，这些失效链的单项指标得到了降低，措施优先度为高的都降为低，设计的风险将会得到降低，产品的设计将会得到改善。

表3-43   DFMEA优化改进案例

优化预防	优化探测	责任人	目标完成日期	状态	采取的措施及证据	完成日期	S	O	D	AP
考虑和定位柱相配合的印制电路板的定位孔情况，进行公差计算	无	×××	××××年××月××日	执行中			10	3	4	低
无	耐化学测试耐温测试	×××	××××年××月××日	已完成	耐化学测试耐温测试，结果见×××报告	××××年××月××日	10	2	2	低
考虑和内卡扣相配合的印制电路板的厚度情况，进行公差计算	无	×××	××××年××月××日	执行中			10	3	4	低
无	耐化学测试耐温测试	×××	××××年××月××日	已完成	耐化学测试耐温测试，结果见×××报告	××××年××月××日	10	2	2	低

3.7 结果文件化

经过前面六个步骤，DFMEA 的技术分析几乎完成，但还需要一个管理步骤来收尾，这便是结果文件化（Results Documentation）。结果文件化并不是简单地把 DFMEA 形成文件再去批准一下，实际上，在最后一个步骤里，要把 DFMEA 形成文件，总结分析内容，并向相关方（比如管理层、顾客、供应商等）报告和沟通分析结果。其作用是在相关方面前展示 DFMEA 小组的工作成绩、获得相关方的支持和信任、推动设计的改进、共同管理存在的风险、暂时结束 DFMEA 过程。

传统的 DFMEA 方法忽略了这一步骤，虽然 DFMEA 形成了文件，但由于缺少内外部沟通，缺少管理层的参与，这导致 DFMEA 小组得不到激励，失去了持续改进设计的动力，管理层也看不到 DFMEA 的作用，缺少对 DFMEA 的支持。由于没有相关方的共同努力，风险没有得到有效管理，直到问题发生才后悔莫及。所有这一切都说明广义理解并执行结果文件化这一步的重要性。

在结果文件化这一步骤里，报告是重要的工具，报告带来的结果是获得关注、沟通信息、增加互信、推动改善及暂时结束 DFMEA 项目。

3.7.1 形成文件

一份完整的 DFMEA 文件包含封面、高风险内容、优化改进措施清单、DFMEA 正文、FMEA 措施的验证结果、评分标准等组成部分。在结果文件化这个步骤里，需要把这些组成部分整合在一起，形成一份文件。

封面是 FMEA 文件的总结，它可能包含产品名称、料号、新建或者变更 FMEA 的原因、分析的范围、高风险和优化改进措施的总结、变更记录、团队成员等。其中，产品和料号明确了此 FMEA 的适用范围，变更原因和变更记录有利于相关方管理变化带来的风险，分析范围便于相关方检查分析是否有遗漏，高风险和优化改进的总结在于引起相关方的关注，团队成员显示了 FMEA 是团队的努力结晶，提高相关方对 FMEA 的信心。

高风险内容列出了高风险的失效链以及它们当前的预防和探测措施、单个和综合风险指标、优化改进措施。其意义是让相关方了解当前设计或过程的主要风险、决定是否可以接受风险、是否需要导入其他措施，验证重要措施的执行情况。

优化改进措施清单有利于措施责任人知晓他们负责的措施，为执行提供参考，也有利于FMEA 负责人追踪优化改进措施，及时关闭它们，降低设计或过程的风险。优化改进措施清单还有助于管理层批准优化改进措施的实施，同时也给顾客建立了信心。

FMEA 正文是 FMEA 的主体部分，它包含了结构分析直到优化改进的所有内容，定义和标准化了设计和过程的控制系统，为其他计划文件、执行文件和实际执行提供了方向或规定。高风险内容不能替代包括所有风险的 FMEA 正文。

FMEA 措施的验证结果记录了 FMEA 和其他文件以及实际有差异的内容。其具体内容包括：FMEA 是如何规定的、实际情况如何、两者的差距是什么、采取什么措施关闭这些差距、措施责任人是谁，以及计划什么时候完成这些措施。通过 FMEA 的验证，FMEA 定义的措施才能真正落到实处，从而在实际中降低风险。

FMEA 起作用的一个重要因素是始终如一地正确使用风险评价准则。在策划和准备阶段就要明确所使用的评价准则，并在 FMEA 过程中自始至终地使用它。在结果文件化的过程中，把所使用的评价准则在 FMEA 封面中注明或者直接作为 FMEA 的附件，这有利于保持 FMEA 文件中风险相对高低的正确性，提高 FMEA 的权威，消除相关方的困惑。

3.7.2　报告结果

制作成文件并被管理层批准，传统的 DFMEA 过程就结束了。成百上千页的 DFMEA 纸本文档或电子档文件被发送到管理层面前，管理层在办公室孤独地看看封面，看看每个附件，再看看正文。由于缺少背景信息并面对一大堆抽象的文字，管理层不一定能抓住此 DFMEA 的重点，风险管理的效果非常不好。

当管理层有疑问时，他不得不发送邮件给此 DFMEA 的负责人。当负责人看到邮件，再针对管理层的疑问询问相关设计工程师。等有了答案之后，负责人再回复管理层的邮件。如果管理层还有其他问题，这个冗长的疑问解答过程还要接着上演，风险管理的效率非常低下。

如此看来，传统的方法很难让管理层真正管理风险，而管理层又必须在风险管理中起到更大的作用，为了解决这对矛盾，必须打破传统的方法！

FMEA 形成文件后，需要及时将分析结果报告出来，其中最重要的就是向管理层汇报，如果顾客要求，还需要向顾客汇报。向管理层汇报可以安排在 DFMEA 批准之前进行，这样就可以把分析结果告诉他们并把他们的意见纳入 DFMEA 成果，从而发挥他们在风险管理中的重大作用。

向管理层的汇报可以安排在放置了样件、图纸、模型等的会议室进行。在现场可以让管理层直接面对设计工程师以及所讨论的对象，让他们可以直观地理解风险内容，和工程师们直接讨论他们的关注点，直接下达优化改进的决定。这种方式打破了管理层和工程师以及所讨论对象之间的层层阻隔，当然可以让管理更有效果和效率。所以，一个 DFMEA 能否得到批准其实在现场就已经决定了，接下来在办公室写几个字或者点个批准按钮只是形式上的批准罢了。

DFMEA 汇报的议程可能是 DFMEA 负责人先介绍这次汇报的议程安排，接下来可以介绍项目、产品的总体情况，然后由相应的工程师介绍 DFMEA 里高风险内容、变化点、优化改进措施、措施验证结果等内容。

管理层在听取工程师的报告之后，可以随机检查所介绍的措施是否真的已经执行并且有效。比如，看看某个检查项目以及检查出不良之后的处理过程是否真的已经定义。接下来，管理层可以针对措施是否足够与工程师展开沟通，决定是否需要其他的优化改进措施。最后，管理层如果有其他问题也可以提出。在整个过程中，管理层的意见、指示和发现，以及不能在现场澄清的疑问都应该记录下来，这些记录在接下来将被生成待完成措施被执行和追踪。

向顾客的汇报一般在会议室进行，并且需要按照他们的要求回答问题。如果他们没有特别的要求，也可以参考向管理层汇报的内容向他们介绍 FMEA，只是汇报者通常是 FMEA 负责人，一般在问题回答不了时，才询问相应的工程师。对顾客经常提出的问题，可以事先准备和总结成演示文件。这样，当顾客有此疑问时，就可以自信地打开演示文件向他们做专业的介绍了。很多时候，顾客对什么时候更新 DFMEA、DFMEA 的评价准则、需要优化改进措施的时机、优化改进措施是否被追踪并按时完成等问题比较感兴趣，可以根据实际情况做好准备。

3.7.3　DFMEA 结果文件化案例

DFMEA 的结果文件化可以分为以下三个步骤：1）形成 DFMEA 文件，总结 DFMEA 过程和结果；2）向管理层报告 DFMEA 结果并得到批准同意；3）需要时，向顾客以及其他相关方报告 DFMEA 情况。

DFMEA 正文已经通过前面的步骤完成了。接下来，主持人和团队把 DFMEA 工作和结果总结在了 DFMEA 封面中：本 DFMEA 分析的产品是刮水器 ECU123，分析范围包括插接器、印制电路板、电动机插针、盖体这四个零件；一共识别了 60 条失效链，其中，措施优先级高的有 6 条，措施优先级中的有 4 条，措施优先级低的有 50 条。为了应对这些风险，一共计划了 16 条优化改进措施。经过优化改进后，措施优先级高的有 0 条，措施优先级中的有 2 条，措施优先级低的有 58 条。制作完成的 DFMEA 封面见表 3 - 44。

表 3-44　DFMEA 封面案例

公司名称	×××汽车部件有限公司	FMEA 主题	刮水器电子控制单元的 DFMEA		
工程地点	×××	DFMEA 开始时间	××××年××月××日	DFMEA编号和版本	D123456 V01
顾客名称	×××	DFMEA 更新时间	××××年××月××日	负责人	×××
产品和料号	刮水器ECU123	跨职能团队	见 DFMEA 团队清单	保密等级	保密

FMEA 范围：
本 DFMEA 包含了插接器、印制电路板、电动机插针、盖体这四个零件的设计分析

风险状况：
本 DFMEA 识别了 60 条失效链，其中，措施优先级高的有 6 条，措施优先级中的有 4 条，措施优先级低的有 50 条。
经过优化改进后，措施优先级高的有 0 条，措施优先级中的有 2 条，措施优先级低的有 58 条。
详情见高风险内容清单和 DFMEA 正文。

优化改进措施：
本 DFMEA 计划了 16 条优化改进措施。详情见优化改进措施清单。

变更记录：
新建。

附件：
高风险内容清单
优化改进措施清单
DFMEA 正文
评价准则
DFMEA 验证报告
DFMEA 团队清单

DFMEA 批准：

项目经理：×××　　　　　主持人：×××
研发负责人：×××　　　过程负责人：×××　　　　　质量负责人：×××

接下来主持人在团队的观察下，形成了表 3 – 45、表 3 – 46 所示的 DFMEA 正文，并从正文里截取了高措施优先级的内容、优化改进措施清单，此外，他们还准备了 DFMEA 采用的风险评价准则、FMEA 措施的验证结果以及团队成员的会议出席记录。

团队整合了准备好的封面、高措施优先级的内容、优化改进措施清单、DFMEA 正文、风险评价准则、DFMEA 措施的验证结果、团队成员的会议出席记录等组成部分，形成了一份完整的 DFMEA 文件。

虽然 DFMEA 已经形成文件，但在送批之前，项目经理准备了向管理层汇报工作，以便把管理层的意见纳入 DFMEA 成果，从而发挥管理层在风险管理中的重大作用并批准 DFMEA。

管理层的汇报安排在放置了样件、图纸的会议室进行。项目经理把事先准备好的材料显示到投影设备上，然后向大家介绍这次报告会议的议程安排：首先是项目经理介绍项目和产品、DFMEA 过程和结果，接下来由对应的设计工程师介绍措施优先级为高的风险内容和应对措施，最后由项目经理介绍 DFMEA 的验证情况以及优化改进措施的情况。

在听取汇报的过程中，管理层询问是否分析了印制电路板的覆盖胶设计。在印制电路板表面的特定位置覆盖胶是顾客新近提出的要求，其目的是为了保护覆盖的元器件免受介质的影响。

项目经理承认团队忽略了这个最新设计，管理层表示顾客是组织生存的保障，一定要跟踪顾客的要求，预防和控制其实现的风险。项目经理承诺接下来会更新 DFMEA 的分析范围，邀请团队预防和控制设计风险。

除此之外，管理层观察到 DFMEA 工作的巨大成果，通过 DFMEA，团队改善了设计，降低了设计风险，管理层对团队的 DFMEA 工作表示认可，并感谢大家的努力，希望团队继续执行和追踪未完成的优化改进措施，当 DFMEA 的更新时机出现时，及时更新 DFMEA，借助 DFMEA，实现产品的零缺陷！

表 3 - 45　DFMEA 正文案例 (1)

上层元素	关注元素	下层元素或特性类型	上层元素功能和要求	关注元素功能和要求	下层元素功能和要求或特性	失效影响	失效模式	失效原因
刮水器电子控制单元	盖体	内定位柱	[刮水器电子控制单元] 保护电子控制单元，在设计范围内，避免机械、电气、热应力和内外媒介的伤害，参照设计 xxx 要求	[盖体] 按照 xxx 要求，安装和固定印制电路板，其水平和垂直移动不大于 xxx mm	[内定位柱] 限制印制电路板的水平移动，限制的水平移动不大于 xxx mm	[刮水器电子控制单元] 在设计范围内，电子控制单元由于电气、热应力、机械力或成内外媒介而损坏	[盖体] 印制电路板在盖体内的水平或垂直移动大于 xxx mm	[内定位柱] 内定位柱的尺寸设计过小，导致印制电路板的水平移动过大
								[内定位柱] 内定位柱的刚度或强度设计不足，导致印制电路板的水平移动过大
		内卡扣			[内卡扣] 限制印制电路板的垂直移动，限制的垂直移动不大于 xxx mm			[内卡扣] 内卡扣设计过高或过窄，导致印制电路板的垂直移动过大
								[内卡扣] 内卡扣的刚度或强度设计不足，导致印制电路板的垂直移动过大

表 3-46 DFMEA 正文案例 (2)

当前预防措施	当前探测措施	严重度(S)	发生度(O)	探测度(D)	AP	预防措施	探测措施	责任人	目标完成时间	状态	采取的措施和证据	完成日期	S	O	D	AP
采用和××产品相同的设计	对样件的盖体和印制电路板进行相对移动分析，测试报告参见×××	10	5	4	高	考虑与定位柱相配合的印制电路板的定位孔情况，进行公差计算	无	×××	×××× 年 ×× 月 ×× 日	执行中			10	3	4	低
对受力进行仿真分析，基于材料目录选择物料，仿真分析结果参见×××	按照×××标准，对×样件进行机械刚度和强度实验，测试报告参见×××	10	2	7	高	无	耐化学测试，耐温测试	×××	×××× 年 ×× 月 ×× 日	已完成	耐化学测试，耐温测试，结果见×××报告	×××× 年 ×× 月 ×× 日	10	2	2	低
基于×××设计规则进行设计	对样件的盖体和印制电路板进行相对移动分析，测试见×××	10	5	4	高	考虑和内卡扣相配合的印制电路板的厚度情况，进行公差计算	无	×××	×××× 年 ×× 月 ×× 日	执行中			10	3	4	低
对受力进行仿真分析，基于材料目录选择物料，测仿真分析结果参见×××	按照×××标准，对×样件进行机械刚度和强度实验，测试报告参见×××	10	2	7	高	无	耐化学测试，耐温测试	×××	×××× 年 ×× 月 ×× 日	已完成	耐化学测试，耐温测试，结果见×××报告	×××× 年 ×× 月 ×× 日	10	2	2	低

经过 DFMEA 七个步骤，创建 DFMEA 的任务已经完成了，但 DFMEA 过程并未就此结束，不应该将它束之高阁。其实，DFMEA 应该是活的文件，应该持续地通过它监视和控制产品风险，而它也将持续地发挥作用：一方面，它将成为组织宝贵的知识库和学习资料，员工培训和成长或者问题分析都可以运用它；另一方面，它将继续伴随着设计变化以及问题解决而持续更新，一直记录和指导着设计。

DFMEA 的持续更新起源于不断发生的触发条件，也就是说，当设计出现新情况、发生变化，在执行它们之前以及解决了问题之后，都需要检查和更新 DFMEA。因为更新的内容和原来的内容纵横交错在一起，所以，相对于创建 DFMEA 来说，更新有时候更复杂。因此，有必要探讨 DFMEA 的更新方法。

更新 DFMEA 时，需要根据影响的范围选择七步法中的几步或者全部步骤。一般来说，策划和准备是必需的步骤，只是程度不一样，甚至不一定需要书面化的结果。一般的方法是，当 DFMEA 中的结构、功能、失效、措施、风险、优化改进任一内容受到影响时，其对应的步骤以及其后的分析步骤通常也需要更新。

4.1 更新时机

4.1.1 出现新情况

设计出现的新情况可能触发 DFMEA 更新，因为这些新情况也需要实现和控制。出现的新情况包括新要求、新应用、新设计模块、新设计元素、新功能、新特性、新失效、新控制等。简单来说，DFMEA 可能涉及的所有元素都可能出现新情况。当这些新情况发生时，需要检查当前的 DFMEA 是否还能适应这些新情况，如果不能适应，就需要更新 DFMEA。

新要求主要指对设计提出了新要求。如果出现了新要求，那么需要在 DFMEA 中分析新要求的实现途径、可能发生的失效、当前的预防以及探测措施、当前的风险状况以及优化改进措施，以保证这些新要求通过设计得到满足。

新应用指的是当前的设计需要在一个新的环境、地点或新的使用情况下使用。如果出现了新应用，需要分析设计在新应用下可能的不足之处，接下来分析这些失效的风险，最后执行优化改进措施，以实现产品在新应用下的成功运行。

对设计中的新设计模块、新设计元素，需要确定它们在产品中处所的结构，进而分析它们的功能和失效，接下来分析这些失效的风险，最后执行优化改进措施，以实现新设计模块和新设计元素优化的目的。需要注意的是，设计中的新设计模块可能会引起流程中增加新过程，因而也会引起 PFMEA 的更新，毕竟这些新模块需要在过程中生产和组装。

对设计中的新功能、新特性，需要理解功能和特性的实现途径，进而分析它们的失效，接下来分析这些失效的风险，最后执行优化改进措施，以降低新功能和新特性实现的风险。

对设计中的新失效，需要分析失效的因果关系，需要评价当前的风险，最后执行优化改进措施，以降低这些失效的风险。

新控制可能是新的预防措施，也可能是新的探测措施，对这些新控制需要分析当前的风险，以确定是否还要追加其他预防和控制。

4.1.2　发生变化

世界上唯一不会变化的就是变化本身，因此，在产品的整个生命周期中，难免会发生一些变化，这些变化要么是因为新的需求或者改善产品，要么是为了解决问题。这些变化带来机遇的同时，也伴随着风险，如果不对变化进行控制，很可能在将来带来问题。

设计出现的变化可能触发 DFMEA 更新，因为这些变化也需要实现和控制。发生的变化包括要求、应用、设计模块、设计元素、功能、特性、失效、控制等的各种变化。简单来说，DFMEA 可能涉及的所有元素都可能出现变化。当这些变化发生了，需要检查当前的DFMEA 是否还能适应这些变化，如果不能适应，就需要更新 DFMEA。

要求变化主要指对设计提出了变化的要求。如果出现了变化的要求，那么需要在DFMEA 中分析变化的要求实现的途径、可能发生的失效、当前的预防以及探测措施、当前的风险状况以及优化改进措施，以保证这些变化的要求通过设计得到满足。

应用变化指的是当前的设计需要在一个变化的环境、地点或变化的使用情况下运行。如果出现了变化的应用，那么需要分析设计在变化的运用下可能的不足之处，接下来分析这些失效的风险，最后执行优化改进措施，以实现产品在变化的应用下成功运行。

对设计中变化的设计模块或设计元素，需要确定它们在产品中处所的结构，进而分析它们的功能和失效，接下来分析这些失效的风险，最后执行优化改进措施，以实现变化的设计模块和设计元素优化的目的。需要注意的是，设计中变化的设计模块可能会引起流程中过程的变化，因而也会引起 PFMEA 的更新，毕竟这些更新的模块需要在过程中生产和组装。

对设计中变化的功能或特性，需要理解变化的功能和特性的实现途径，进而分析它们的失效，接下来分析这些失效的风险，最后执行优化改进措施，以降低变化的功能和特性实现的风险。

对设计中变化的失效，需要分析失效的因果关系，需要评价当前的风险，最后优化改进当前的设计，以降低这些变化的失效的风险。

控制的变化可能是预防措施发生变化，也可能是探测措施发生变化，对这些变化的控制需要分析当前的风险，以确定是否还要追加其他预防和控制。

4.1.3　问题解决

虽然一份精心制作的 DFMEA 和随之执行的预防和控制系统可以预防和控制住大多数潜在失效，但并不能预防或控制住所有的问题，有些问题还是可能发生。发生问题的原因可能是团队在 DFMEA 的过程中遗漏了结构元素、功能或者失效，错误分析了失效链，错误识别了措施，乐观评价了风险，没有或者错误执行了定义的措施；又或者分析和执行都没有遗漏或错误，只是风险按照评价的大小发生罢了。

DFMEA 可以帮助对设计问题进行分析，而问题的发生和解决也是对预防问题的反馈。通过对已发生问题的分析和解决，不仅可以优化改进设计、预防问题再发生，还可以改善当前的 DFMEA 方法，不断增强预防问题的能力。所以，DFMEA 和问题解决工具，比如 8D，有互相促进的关系。

这里的 8D 指经过 8 个步骤解决问题的一种工具，这 8 个步骤分别是①组建团队、②问题描述、③临时措施（包括遏制措施）、④根本原因分析、⑤选择和验证纠正措施、⑥执行和确认纠正措施、⑦预防问题再发生，以及⑧结束问题解决的过程。

当问题发生后，DFMEA 可以给 8D 提供帮助，告诉团队问题可能发生的原因是什么、哪个原因更有可能发生。这时候，只要根据问题发生后的迹象假设和验证实际发生的原因就可以了，这为 8D 的开展提供了方向。如果问题发生后的迹象和这些原因不符合，那可能表明实际发生的问题或原因在此 DFMEA 里并没有被识别，这时候就需要 8D 帮助 DFMEA 了。当 8D 确定了问题的因果关系和预防、探测措施时，需要更新 DFMEA，以便把这些成果纳入控制系统中完善当前的设计。

到了 8D 的第 7 个步骤，需要更新 DFMEA、相关标准以及分享经验教训，以防止类似的问题再次发生。更新 DFMEA 时，需要参考 8D 的第 2、4、6 等偶数步骤。D2 是问题描述，一般针对的是产品的问题，因此和 DFMEA 中的失效模式相对应，所以，可以通过 D2 确定失效模式是什么。D4 是根本原因分析，需要从问题为什么会发生、为什么没有探测出来这两方面，运用鱼骨图的思想和 5why 的方法分别讨论问题的根本原因，因此，D4 对应了 DFMEA 中的失效原因，可以通过 D4 查出失效原因是什么。D6 是执行和确认纠正措施，与 DFMEA 中的预防和探测措施对应，因此，在 DFMEA 定义失效的预防和探测措施时，需要从 D6 查出来。

应该把问题的发生和解决看成是提高 DFMEA 过程的绝好机会。因此，需要分析为什么当初 DFMEA 没有预测出这个问题？为什么预防措施没有成功预防这个问题？为什么探测措施没有探测出这个问题？DFMEA 方法在哪里做得不足？下次如何改进？DFMEA 中措施的执行有什么问题？下次如何改进？接下来，需要把这次总结运用在下次的 DFMEA 中，如果将来又发生问题，需要继续通过对问题的分析、解决和反思不断优化改进 DFMEA 过程。

4.2　更新方法

4.2.1　确定范围

更新 DFMEA 的时机可能是出现新情况、发生变化或者解决了问题，不管是什么原因触发的 DFMEA 更新，首先要明确主题，明确主题的目的是形成接下来更新 DFMEA 的分析焦点。主题的描述需要将出现的新情况、发生的变化以及解决完的问题具体化，而不应该将模糊的说明或主观认为的收益作为主题描述，比如，"导入印制电路板的覆盖胶"就很好地反映了设计的变化，"问题解决：电子元器件短路"就很清楚地描述了问题。而把"保护覆盖的元器件免受介质的影响""优化产品"或者"解决问题"作为主题是不合适的，因为这样模糊或主观的描述并不能明确新情况、变化点或者解决完的问题是什么。

接下来，需要根据主题的描述内容确定影响的范围。先确定清楚全部范围，再对每个部分深入分析，而不是每识别一个部分就立刻对这部分进行深入分析，这样的操作会导致分析没有全局观和连贯性，很容易发生遗漏。

如果是出现新情况或发生了变化，则需要确定出现新情况或发生变化的主体是什么，即，什么发生了新情况或变化；然后考虑此主体的归属，即，主体属于结构还是功能，属于失效还是风险或措施；接下来再在 DFMEA 定位这些相关内容，这些内容将会是更新 DFMEA 的范围。比如，针对"导入印制电路板的覆盖胶"这个主题，变化的主体是"印制电路板"上的"覆盖胶"，它们属于结构元素，因此，需要在 DFMEA 找到"印制电路板"

模块，并确定需要放置"覆盖胶"的结构位置。

如果是解决了问题，则需要明确发生问题的模块以及问题所属的功能，如果发现 DFMEA 没有识别此失效模式，那就加入此失效模式；如果存在此失效模式，那就要在此失效模式的基础上进一步检查失效原因、预防和探测措施以及风险评价。比如，针对"问题解决：电子元器件短路"这个主题，发生问题的模块是"印制电路板"，因此，需要在 DFMEA 的该模块中，在所属的功能"按照 ××× 要求，电气导通电子元器件"之下，检查有没有对此失效的分析，检查失效原因、预防和探测措施以及风险评价是否需要更新。

4.2.2 深入分析

如果是新要求、新应用，或者要求、应用发生了变化，那么由于这些要求或应用需要通过功能来实现，因此一般先要进行功能分析，分析这些要求或应用如何实现以及为什么需要实现，形成功能网络；接下来进行失效分析，识别要求或应用实现的因果关系中可能发生的失效链；随后的风险分析评价这些要求或应用不能实现的风险；最后，优化改进当前的设计以满足这些要求或应用。

对设计中的新设计模块、新设计元素或这些模块或元素发生了变化，由于它们都是从结构开始就有新的成分或发生了变化，所以 DFMEA 更新一般都需要经过结构分析、功能分析、失效分析、风险分析和优化改进。比如，"印制电路板"模块新导入"覆盖胶"作为结构元素，因此，需要对覆盖胶从结构分析开始更新 DFMEA。

对新功能、新特性或者其变化，由于它们都是从功能开始有新成分或发生变化，所以 DFMEA 更新一般都需要经过功能分析、失效分析、风险分析和优化改进。

对新失效或变化的失效，由于它们都是从失效开始有新成分或发生变化，所以 DFMEA 更新需要从失效分析开始，再经过风险分析和优化改进。比如，针对"问题解决：电子元器件短路"这个问题，需要从失效分析开始，检查和更新相关内容。

新控制或变化的控制可能是预防措施，也可能是探测措施。由于这些措施构成了风险分析一部分，因此 DFMEA 更新需要从风险分析开始，然后进行优化改进。

4.2.3 执行措施

DFMEA 更新后，新加入的或者变化后的当前措施需要转化到验证计划中做进一步的计划。需要把所有检测类措施从 DFMEA 转移到验证计划中，明确它们的测试项目、接受准则、测试程序以及样本大小、时间安排等问题，然后根据验证计划去执行这些检测措施，并追踪执行结果。

还需要把 DFMEA 的成果（比如预防措施）落实到规格文件以及现实当中，比如落实到图样、规格书中去执行。它们之间的信息应该保持一致，否则这些针对新情况、变化点或已发生问题的当前措施就可能不能落到实处，不能真正地降低设计的风险。

DFMEA 更新过程中产生的未完成措施，不可以转化到规格文件中，因为这些措施还没有执行也没有验证过效果。而这些措施一旦完成和验证了效果，就需要及时转化到规格文件中，让它们记录在案并真正起到预防或控制、降低产品风险的作用。

4.2.4 DFMEA 更新案例

DFMEA 创建结束后，团队发现顾客提出了新的要求，要求在印制电路板的×××元器件上增加覆盖胶，其目的是保护此元器件，避免内外媒介的损害。

设计工程师邀请团队以会议方式更新 DFMEA，以分析变更的执行及其中的风险，从而提出优化改进的建议。由于顾客要求在印制电路板上增加一项物质，这属于结构元素的范畴，团队决定从结构分析开始更新 DFMEA，并预期两次会议完成。

他们把覆盖胶作为印制电路板的下一层元素，也就是说，印制电路板包含了覆盖胶，覆盖胶也影响印制电路板的功能。可能有人认为，覆盖胶也会有尺寸、材料等产品特性，这似乎和原来同层次的结构元素存在包含关系，其实，这个疑问问题不是很大，此处的尺寸、材料、布局、表面等专门指印制电路板本身的产品特性，而不是覆盖胶的特性。DFMEA 结构分析结果见表 4-1。

表 4-1 DFMEA 结构分析更新案例

上层元素	关注元素	下层元素或特性
刮水器电子控制单元	印制电路板	尺寸
		材料
		布局
		表面
		覆盖胶

结构分析更新后，团队进行了功能分析，团队识别了覆盖胶的功能和要求是"保护印制电路板上的×××元器件，避免内外媒介的损害，要求见×××"，而这个功能并没有增加原来刮水器电子控制单元以及印制电路板的功能，所以只要连接它们现有功能的因果关系即可。覆盖胶的功能"保护印制电路板上×××元器件，避免内外媒介的损害"，其目的是为了实现印制电路板"按照×××要求，电气导通电子元器件"这样的功能，而这个功能又会影响刮水器电子控制单元"保护电子控制单元，在设计范围内，避免机械、电气、热应力和

内外媒介的损害，参照设计要求×××"这个功能，在这三个功能之间建立功能的因果关系。DFMEA 功能分析更新见表 4 - 2。

表 4 - 2　DFMEA 功能分析更新案例

上层功能和要求	关注元素的功能和要求	下层功能和要求或特性
［刮水器电子控制单元］ 保护电子控制单元，在设计范围内，避免机械、电气、热应力和内外媒介的损害，参照设计要求×××	［印制电路板］ 按照×××要求，电气导通电子元器件	［覆盖胶］ 保护印制电路板上×××元器件，避免内外媒介的损害，要求见×××

功能分析更新后，团队进行了失效分析。团队识别了"保护印制电路板上×××元器件，避免内外媒介的损害，要求见×××"可能出现的失效，它们是"覆盖胶区域设计得不够""不该设计覆盖胶的区域也定义了覆盖胶""覆盖胶设计得太厚""覆盖胶设计得太薄""在定义的寿命或环境条件下，覆盖胶材料因为性能退化而失去要求的保护作用"。也就是说，团队不仅识别了覆盖胶的区域、厚度可能出现的特性设计错误，也识别了在定义的寿命或环境中，覆盖胶材料因为性能退化这个干扰因素而失去的保护作用。

接下来，团队开始连接上下层具有因果关系的失效。"覆盖胶区域设计得不够""覆盖胶设计得太薄"和"在定义的寿命或环境条件下，覆盖胶材料因为性能退化而失去要求的保护作用"这些失效会导致印制电路板"电子元器件短路"这样的失效，而"电子元器件短路"这个失效会导致刮水器电子控制单元"电子控制单元在设计范围内因内外媒介的损害而电气失效"。因此，这些上下层失效被连接在了一起。表 4 - 3 展现了由于"在定义的寿命或环境条件下，覆盖胶材料因为性能退化而失去要求的保护作用"导致的失效链分析结果。

表 4 - 3　DFMEA 失效分析更新案例

失效影响	失效模式	失效原因
［刮水器电子控制单元］ 电子控制单元在设计范围内因内外媒介的损害而电气失效	［印制电路板］ 电子元器件短路	［覆盖胶］ 在定义的寿命或环境条件下，覆盖胶材料因为性能退化而失去要求的保护作用

失效分析更新后，团队进行了风险分析。对失效"在定义的寿命或环境条件下，覆盖胶材料因为性能退化而失去要求的保护作用"来说，当前的预防措施是"基于×××规则和顾客要求选择覆盖胶材料"及"参考相似产品×××的设计"，而探测措施是"老化测试"。

对这两条预防措施，团队充分相信其预防效果，发生概率的评价为非常低，发生度评价为 2。但对探测措施，团队认为即使设计通过了老化测试，也不能保证覆盖胶绝缘的特性，如果覆盖胶的绝缘能力不足，还是会导致电子元器件短路。因此，团队认为这种探测措施是没有证明过的，探测能力低，探测度评价为 7。于是措施优先度评价为高。失效分析的结果见表 4 - 4。

表 4 - 4　DFMEA 失效分析更新案例

失效影响	失效模式	失效原因	预防措施	探测措施	S	O	D	AP
［刮水器电子控制单元］电子控制单元在设计范围内因内外媒介的损害而电气失效	［印制电路板］电子元器件短路	［覆盖胶］在定义的寿命或环境条件下，覆盖胶材料因为性能退化而失去要求的保护作用	1）基于 ××× 规则和顾客要求选择覆盖胶材料　2）参考相似产品 ××× 的设计	老化测试	10	2	7	高

风险分析更新后，团队进行了优化改进。设计工程师根据团队的担心，提出新的探测措施"表面电阻测试"。设计工程师相信，"老化测试"和"表面电阻测试"这两条探测措施加在一起，探测能力是非常强的，因此，能把探测度从 7 降为 2，执行完优化改进措施后，预期的措施优先度为低。之后，团队为此优化改进措施定义了责任人以及目标完成日期。

优化改进的结果见表 4 - 5，从中可以看出，经过优化改进，这些失效链的单项指标得到了降低，措施优先度为高的降为低，设计的风险将会得到降低，产品的设计将会得到改善，顾客的要求得到了满足。

表 4 - 5　DFMEA 优化改进更新案例

优化预防	优化探测	责任人	目标完成日期	状态	采取的措施及证据	完成日期	S	O	D	AP
无	表面电阻测试	×××	×××× 年 ×× 月 ×× 日	执行中			10	2	2	低

如果最近还有其他更新，可以把这些更新放在一起再开始结果文件化的工作。在本案例中，由于产品最近没有其他更新，优化改进之后，团队就开始了结果文件化的工作。

主持人带领团队开始制作 DFMEA 文档。团队总结了此次变更的主题为"印制电路板的××× 元器件上增加覆盖胶"，变更内容为"增加了覆盖胶的设计分析"。主持人把变更主题和内容记录在封面，见表 4 - 6，封面总结了此 DFMEA 新版本的更新主题和内容以及整份文件的信息。

表 4 – 6　DFMEA 优化改进更新案例

公司名称	×××汽车部件有限公司	FMEA 主题	刮水器电子控制单元的 DFMEA		
工程地点	×××	DFMEA 开始时间	××××年××月××日	DFMEA编号和版本	D123456 V02
顾客名称	×××	DFMEA 更新时间	××××年××月××日	负责人	×××
产品和料号	刮水器ECU123	跨职能团队	见 DFMEA团队清单附件	保密等级	保密

FMEA 范围：
本 DFMEA 包含了插接器、印制电路板、电动机插针、盖体这四个零件的设计分析。

风险状况：
本 DFMEA 识别了 65 条失效链，其中，措施优先级高的有 8 条，措施优先级中的有 7 条，措施优先级低的有 50 条。经过优化改进后，措施优先级高的有 0 条，措施优先级中的有 3 条，措施优先级低的有 58 条。详情见高风险内容清单和 DFMEA 正文。

优化改进措施：
本 DFMEA 计划了 22 条优化改进措施。详情见优化改进措施清单。

变更记录：
印制电路板 ××× 元器件上增加覆盖胶
－增加了覆盖胶的设计分析

附件：
高风险内容清单
优化改进措施清单
DFMEA 正文
评价准则
DFMEA 验证报告
DFMEA 团队清单

DFMEA 批准：

项目经理：×××　　主持人：×××
研发负责人：×××　　过程负责人：×××　　质量负责人：×××

　　接下来主持人在团队的观察下，生成了 DFMEA 正文，其中变更部分见表 4 – 7 和表 4 – 8，并从正文里截取了高措施优先级的内容、优化改进措施清单，此外，他们还准备了这份 DFMEA 采用的风险评价准则、FMEA 措施的验证结果以及团队成员的会议出席记录。

表 4 - 7　DFMEA 正文更新 (1)

上层元素	关注元素	下层元素或特性类型	上层功能和要求	关注元素的功能和要求	下层功能和要求或特性	失效影响	失效模式	失效原因
刮水器电子控制单元	印制电路板	覆盖胶	[刮水器电子控制单元] 保护电子控制范围，在设计范围内，避免机械、电气、热应力的损害，媒介的损害，参照设计要求 xxx	[印制电路板] 按照 xxx 要求，电气导通电子元器件	[覆盖胶] 保护印制电路板上的 xxx 元器件，避免内外媒介的损害，要求见 xxx	[刮水器电子控制单元] 电子控制单元在设计范围内因内外媒介的损害而电气失效	[印制电路板] 电子元器件短路	[覆盖胶] 在定义的寿命或环境条件下，覆盖胶材料因为性能退化而失去要求的保护作用

表 4 - 8　DFMEA 正文更新 (2)

预防措施	S	O	D	AP	优化预防	优化探测	探测措施	S	O	D	AP	责任人	目标完成日期	状态	采取的措施及证据	完成日期	S	O	D	AP
1) 基于 xxx 规则和顾客要求选择覆盖胶材料 2) 参考相似产品 xxx 的设计	10	2	7	高	无	表面电阻测试	老化测试					xxx	xxxx 年 xx 月 xx 日	执行中			10	2	2	低

　　团队整合了准备好的封面、高措施优先级的内容、优化改进措施清单、DFMEA 正文、风险评价准则、FMEA 措施的验证结果、团队成员的会议出席记录等组成部分，形成了一份完整的 DFMEA 文件。

　　虽然 DFMEA 已经形成文件，但在送批之前，设计工程师准备了向管理层汇报工作，以便把管理层的意见纳入 DFMEA 成果，从而发挥管理层在风险管理中的重大作用并批准 DFMEA。

　　管理层汇报安排在放置了样件、图纸的会议室进行。设计工程师向管理层介绍了本次变更主题以及变更点、可能存在的主要风险以及优化改进措施。管理层对团队的努力以及大家持续改进的精神给予了赞扬，并鼓励大家再接再厉，基于 DFMEA 不断降低产品风险，实现组织和顾客的双赢！

第 5 章

执行 PFMEA

5.1 策划和准备

过程的错误或不足不仅会导致产品发生问题，也会让生产和服务产生困扰。这些问题和困扰不仅会给用户带来影响，也会让自己蒙受损失：前者，比如产品的感官让人愤怒、预期的功能无法实现、人员的安全受到威胁；后者，比如生产和服务不能流畅进行、不良品大量产生、返工返修或报废居高不下。如果这些影响和损失发生了，那么顾客会抱怨甚至索赔，组织信誉会下降，运营成本会增加，组织或个人甚至要承担法律责任。

PFMEA 是预防以上问题和困扰的一种方法，它是 Process Failure Mode and Effect Analysis 的英文缩写，其中文意思是过程的失效模式和影响分析。PFMEA 分析了从进料一直到发货整个流程的所有过程可能发生的与质量相关的潜在失效，进而在产品交付顾客之前就采取预防和控制措施来降低过程的风险，从而降低问题的发生概率，提高问题的可控性。

PFMEA 不仅记录过去发生过的过程问题，还更多地包含了对未来可能发生问题的探讨。因此，如果过程人员只是反思历史上发生过的过程问题，这其实并不是真正的 PFMEA。事实上，一个单词 "Potential"，其意义为 "潜在的"，在 PFMEA 这些英文单词之前被省略了。也就是说，PFMEA 讨论的是在关注领域之内，比如质量领域，所有可能发生的过程问题，而不管它们是否已经发生过，也不管它们的轻重缓急。轻重缓急在接下来的风险分析和优化改进步骤中自有区别对待。

当新过程、过程变更或者发生和解决了过程问题这些触发条件产生时，就应该启动 PFMEA 过程。为了让 PFMEA 工作进行得有条不紊并实现相关方的要求，需要对 PFMEA 方法、过程和成果进行策划和准备，从而为实现 PFMEA 的范围、进度、成本、质量等目标打下坚实的基础。因此，策划和准备（Planning and Preparation）是 PFMEA 七步法中的第一步，开始了这一步才算是启动了整个 PFMEA 过程。

5.1.1　收集要求

要求是指明示的、通常隐含的或必须履行的需求或期望，质量管理的首要关注点就是满足相关方在质量方面的要求。作为过程的预防质量工具，PFMEA 的本质就是通过预防和控制过程的失效更大可能地满足质量要求，因此，策划和准备的第一项工作就是收集这些要求。在策划和准备阶段收集完整并且正确的质量要求可以减少接下来 PFMEA 工作的缺失并降低其返工的概率。

要求按来源可以分为法律法规要求、行业要求、顾客要求和内部要求。法律法规要求来源于法律法规文件或标准，一般是对安全和环保的规定；行业要求一般来源于行业标准，很多时候包含了行业内的良好实践；顾客要求来源于顾客合同、规格文件，比如产品的功能和性能要求、特殊特性等，不满足这些要求会导致顾客抱怨；内部要求来源于组织的内部文件或规定，比如过程需要满足内部的工艺规范。

值得注意的是，法律法规、行业、顾客和内部不仅对产品和过程有技术要求，而且对 PFMEA 本身也可能有要求，比如它们可能对 PFMEA 方法、评价准则、优化时机、PFMEA 验证、PFMEA 团队和批准等有要求，不满足这些要求可能会导致 PFMEA 的质量不佳、成为各方审核的不符合项、PFMEA 被迫返工等。

表 5-1 总结了要求的来源和类别，收集包含这些要求的文件或信息是策划和准备阶段中的重要工作。

表 5-1　要求的来源和类别

来源	类别	
	技术要求	FMEA 要求
法律、法规	来源于法律法规文件或标准，比如安全和环保的要求、汽车安全玻璃标准	法律法规虽然没有直接提出对 FMEA 的要求，但其中的产品责任、合同法和失效预防和 FMEA 相关联
行业	来源于行业标准，比如汽车转速传感器标准	来源于质量管理体系要求、FMEA 标准或手册，比如 IATF 16949、VDA 6.3、FMEA 手册
顾客	来源于顾客合同、规格文件等，比如产品的功能和性能要求、特殊特性	来源于顾客合同或文件，比如顾客对 FMEA 方法、评价准则、优化时机、FMEA 验证等的要求
内部	来源于组织内部文件或规定，比如内部定义的工艺规范	来源于组织内部文件或规定，比如对 FMEA 团队、模板、评价和批准的要求

5.1.2 策划范围

做项目需要对范围进行管理，否则很容易因为多做或少做工作造成项目失败。同样的道理，PFMEA 也需要事先策划范围，策划 PFMEA 范围就是事先决定需要做 PFMEA 分析的过程。如果没有对此做策划，而是直接进入分析细节，很可能出现以下问题：1）很容易因为缺少大局观而造成分析遗漏；2）很难据此准确定义出 PFMEA 的工作计划；3）不能据此检查 PFMEA 的工作是否已经完成。所以，在触发了 PFMEA 过程，明确了相关方的要求之后，就需要事先策划 PFMEA 的分析范围。

如果 PFMEA 是由新过程促发的，则分析范围是这些新过程的全部组成部分；如果 PFMEA 是由过程变更触发的，则分析范围是变化本身的执行以及由这些变化影响的其他操作；如果 PFMEA 是由过程问题触发的，则分析范围是这个过程问题以及由这个问题引起的过程变更。需要注意的是，如果 PFMEA 里定义的优化改进措施造成了过程变更，也需要对这些变更继续进行 FMEA 分析。

建立 PFMEA 的分析范围之后，如果对每个部分的分析平均用力，那么由于时间、精力和资源的限制，分析的总体效果和效率势必难以顾及。所以，推荐的方法是先确定各个部分的分析优先度，重点部分重点关注。一般的指导思想是，那些有安全或法律法规影响的、创新程度比较大的、可靠性要求比较高的部分需要重点关注，因为这些地方要么容易发生问题，要么一旦发生问题，影响就特别巨大。

5.1.3 策划进度

及时完成 PFMEA 并据此对过程进行优化改进是经济有效地降低过程风险的重要保证。一般来说，在项目的策划阶段就要策划 PFMEA 工作，在理解了过程设计概念之后就可以开始 PFMEA，而在过程设计冻结之前需要完成 PFMEA。而且 PFMEA 和 DFMEA 最好同步进行，这样，过程可以及时向设计提出要求，设计也可以及时向过程提供输入，并且，同步化工作也减少了创建 FMEA 的时间跨度，最终达到设计和过程全部优化的效果。

PFMEA 中可能包含了还未完成的优化改进措施，这些优化改进措施的目的是进一步降低过程的风险。为了让这些措施在过程的运行中发挥作用，需要在生产件批准/生产过程和产品批准（PPAP/PPA）之前完成这些措施。

和项目的其他工作一样，策划的 PFMEA 开始时间和完成时间也需要在项目计划中进行记录，以便进行宏观管控。而为了更精确地指导日常的 PFMEA 工作，在确定了 PFMEA 的时间大框架之后，可以根据分析范围和每个部分所需的分析时间策划更详细的 PFMEA 工作计划，比如，从某个时间开始，每周安排两次 PFMEA 会议，每次会议持续两小时，每周完成一个过程的分析。表 5 - 2 给出了 PFMEA 详细计划的一个模板。

表 5 - 2　PFMEA 详细计划的模板案例

工作	时间（第　周）													
	×× 周	×× 周	×× 周	×× 周	×× 周	×× 周	×× 周	×× 周	×× 周	×× 周	×× 周	×× 周	×× 周	×× 周

5.1.4　策划资源

做事情都需要资源，PFMEA 工作也是如此。可以把 PFMEA 工作需要的资源分为人力资源和物质资源，它们是执行 PFMEA 的必要条件或者能给 PFMEA 工作带来便利。

PFMEA 工作的人力资源主要指 PFMEA 团队，其组成又分为核心团队和扩展团队。核心团队一般需要始终参加 PFMEA 会议，是 PFMEA 信息的主要输入者；扩展团队则根据需要参加会议。

核心团队一般包括主持人、项目经理、过程工程师和过程质量工程师。整个团队在主持人的带领下，通过主持人的提问和团队成员的回答以及讨论展开 PFMEA 工作。项目经理总体负责整个项目工作，其中当然也包括 PFMEA。过程工程师是过程的责任人，他们理解过程的意图以及实现方法，是 PFMEA 会议过程中技术信息的主要提供者。过程质量工程师的职责是管理过程的质量，在 PFMEA 过程中，他们关注质量的策划、质量保证和控制的方法和效果。

设计工程师和设计质量工程师是 PFMEA 的扩展团队成员，当 PFMEA 讨论的主题和产品相关时，可以邀请他们澄清产品的设计，以决定过程的失效对产品的影响。其他团队成员，比如测试工程师、技术专家、领班、线长、作业员等可以按照需要邀请参加。

每个 PFMEA 都有其负责人，在项目阶段，PFMEA 的负责人由项目经理担任，当项目结束后，PFMEA 的负责人由项目经理转为过程工程师。PFMEA 负责人不仅负责 PFMEA 的内容，而且需要管理 PFMEA 的整个过程，这包括组建 PFMEA 团队、邀请 PFMEA 会议、保证 PFMEA 按时按质完成、验证 PFMEA 内容、追踪 PFMEA 定义的优化改进措施、文件化 PFMEA 的结果等。

为了减少 PFMEA 工作中产生的误解，提高会议的效果和效率，有必要让 PFMEA 团队了解 PFMEA 方法，减少团队成员之间的分歧。因此，可以给他们安排专门的 PFMEA 培训，也可以在 PFMEA 的首次会议上，由 PFMEA 主持人给大家进行讲解，回答他们的困惑。

　　为了打造坚强有力的 PFMEA 团队，在 PFMEA 的首次会议上，建议 PFMEA 负责人向团队介绍项目的概况以及项目的意义、管理层的支持、PFMEA 的策划结果、团队成员的简介、团队的任务和规则等，这有利于增强团队的自豪感、归属感和责任感。

　　其中，团队规则有利于指导和规范团队成员的行为，从而营造积极的工作氛围。比如，团队规则可能规定了会议前需要准备相关工作；准时出席会议，如果不能参加会议，至少提前一天通知 PFMEA 负责人；开会时聚焦会议主题，不做无关事项；按时完成优化改进措施等。

　　策划和准备了人力资源，还需要为 PFMEA 工作策划和准备物质资源，这包括 FMEA 软件、参考资料和会议设施等。它们不但能提高 PFMEA 的质量，也给 PFMEA 工作提供了便利。

　　PFMEA 既可以在普通的表格软件里制作，也可以使用专业软件。使用表格软件的好处是不需要额外投资，也不需要特定的软件操作培训；但其欠缺之处是不利于发挥 FMEA 七步法系统化的分析效果。专业软件虽然需要投资和学习，但好处是显而易见的：它可以和 FMEA 方法的每个步骤无缝对接，促进 FMEA 过程的可视化和流畅性，提高 FMEA 的完整性和创造性；另外，专业软件提供的统计、过滤和筛选功能也为结果的分析提供了便利。有些专业软件还同时包含方框图、过程流程图、参数图、验证计划和控制计划等工具，这有利于这些文件之间信息的传递，实现这些文件内容的完整性和一致性。

　　参考资料包含要求类资料和辅助类资料。通过前述步骤收集的要求如果只是靠口头相传，很可能出现遗漏或错误，准备那些包含这些要求的资料是减少遗漏和错误的好方法。合同、图样、规格、特殊特性清单等都是要求类资料的例子。辅助类资料将在 PFMEA 工作中起到辅助作用。它们要么增强团队对过程的理解，要么增进 PFMEA 每个步骤的分析。三维模型、流程图、参数图、问题分析报告等都是辅助类资料的例子。表 5 - 3 总结了常用的参考资料以及它们对 PFMEA 的作用。

表 5 - 3　PFMEA 常用的参考资料及其作用

资料名称	主要内容	对 PFMEA 的作用
要求类文件，比如合同、图样、规格、特殊特性清单、工艺规范	技术要求类文件包含产品或过程的功能、性能和属性等要求 PFMEA 要求类文件包含对 PFMEA 方法、过程和结果的要求	有助于识别需要满足的要求，把这些要求整合到结构和功能中去，从而为实现这些要求建立基础，减少将来的内外部抱怨和失效成本
流程图（Process Flow Diagram）	包含产品经过的生产过程以及顺序	有助于生产结构元素的识别并减少遗漏；显示的过程顺序为结构元素的顺序安排建立基础
过程功能清单	包含过程功能的描述	有助于过程功能的识别并减少遗漏

（续）

资料名称	主要内容	对 PFMEA 的作用
参数图（Parameter Diagram）	包含过程功能的输入和输出以及过程功能的干扰因素	有助于过程功能描述并且为失效原因的识别建立基础
过程失效统计	包含相似过程历史上发生的失效模式和发生频次	有助于检查失效模式是否遗漏并且评价发生度
过程和设备的能力指数	包含过程能力指数、生产设备能力指数以及检测设备能力指数	有助于评价失效原因的发生度、检测设备的探测度
问题解决报告（比如 8D 报告）和经验教训报告	包含发生问题的因果关系以及采取的措施	评价问题解决和经验教训报告中问题的因果关系以及措施，并吸收其经验教训，有助于预防问题的再发生
存在的控制计划（Control Plan）	包含需要检测的过程或产品特性、接受标准、检测频率、样本大小、控制方法、反应计划等内容	有助于开发 PFMEA 中的预防和探测措施
其他可参考的 DFMEA 和 PFMEA	包含 FMEA 中的各个元素	理解产品的功能和严重度，吸收类似过程设计的经验教训以及良好实践，提高 PFMEA 过程的效率
样件、3D 模型或影像	显示了产品或工装夹具的外观、组成部分和组成关系	有助于团队直观地理解产品或工装夹具的结构、识别过程的功能和失效

就会议设施来说，PFMEA 工作还需要在安静的场所，借助一些视觉化的工具进行，比如投影设施、白板、板擦和书写笔等。安静的场所可以让团队聚焦主题，积极思考。投影设施可以把主题、分析过程和结果实时展现出来，便于促发团队的思考和确认信息的正确性。在讨论过程中，遇到难以讲述或理解的信息时，可以用书写笔在白板上把这些信息绘画出来。一图胜过千言万语，当这些信息直观地展现在团队面前时，大家立刻就能正确理解了。

5.1.5　制订策划书

策划和准备为 PFMEA 的开始和执行创造了有利条件，这个阶段的工作内容可以用它的名称来概括：策划指的是计划 PFMEA 的工作，包括内容上的策划和时间上的策划。内容上的策划包括策划 FMEA 的类型、策划相关方的要求、策划分析范围；时间上的策划包括策划 PFMEA 的开始时间、结束时间以及每次会议的安排。准备包括准备好 PFMEA 执行中需要的人力和物质资源，比如 PFMEA 团队、PFMEA 软件、参考资料和会议设施等。策划和准备工作是做好 PFMEA 的必要条件之一。

如果是全新的 PFMEA，策划和准备的相关事宜推荐以书面的形式总结出来，甚至让相关的资源经理批准。书面化的总结是策划和准备步骤重要的成果，每个组织都可以用自己的方式给这份书面化文件命名，比如 FMEA 立项书、FMEA 策划书、FMEA 合同等。书面化的益处是通过固定的模板避免策划和准备的遗漏，为将来的执行提供行动指南。批准的好处是让相关方履行承诺并保证策划和准备的正确性，不至于走偏路。表 5 - 4 给出了 PFMEA 策划书的一个模板案例。

表 5 - 4　PFMEA 策划书模板案例

FMEA 策划书	
项目	
产品	
项目节点	
FMEA 类型	
FMEA 范围：	
FMEA 任务：	
FMEA 时间安排：	
FMEA 要求和资料：	
技术要求和资料：	
团队和职责：	
策划时间和签字：	

5.1.6　完成表头

表头是 PFMEA 的基本内容，它识别了所生产的产品以及 PFMEA 的基本信息。其中，"公司名称"和"生产地点"定义了负责此生产的组织，而"顾客名称"定义了产品交付的组织。"车型年/项目"识别了产品所属的项目，"主题"识别了 PFMEA 分析的对象。"PFMEA 开始日期"和"PFMEA 更新日期"分别记录了 PFMEA 的创建和最后修改时间，"跨职能团队"记录了创作或修改此 PFMEA 的团队成员。"PFMEA 编号"提供了识别此文件的唯一号码，"过程责任"显示了过程的联系人，而"保密等级"提示了此文件的保密程度。表 5 - 5 给出了 PFMEA 表头的一个模板案例。

表 5 - 5　PFMEA 表头模板案例

公司名称		主题			
生产地点		PFMEA 开始日期		PFMEA 编号版本	
顾客名称		PFMEA 更新日期		过程责任	
车型年/项目		跨职能团队		保密等级	

5.1.7　PFMEA 策划和准备案例

PFMEA 的策划和准备可以分为以下四个步骤：1）收集相关方（尤其是顾客）对 PFMEA 的方法要求以及对过程的技术要求，并准备好相关资料；2）策划 PFMEA 的范围和进度；3）策划和准备 PFMEA 过程中需要的人力和物质资源；4）把策划的结果记录在策划书中并获得批准。

×××汽车部件有限公司研发了一款刮水器电子控制单元，项目经理在项目的策划阶段就开始策划 PFMEA 工作并收集了产品和过程的技术要求和 PFMEA 要求。在理解了过程设计概念之后，项目经理邀请 PFMEA 主持人、过程工程师和质量工程师参加 PFMEA 策划会议。

在会上，项目经理首先介绍了项目背景，接下来，团队通力合作制订了如表 5 - 6 所示的 PFMEA 策划书，就 PFMEA 的范围、任务、时间、要求、资料、团队和职责达成了一致意见。从策划书可以看出，此 PFMEA 的分析范围是割板、印制电路板和盖体组装、焊接、自动光学检查、功能测试以及包装六个过程。为了在过程设计发布日期之前完成此 PFMEA，团队需要每周召开两次时长两小时的会议，一共召开 18 次会议。相关方对 FMEA 方法没有特殊要求，体现产品和过程技术要求的图样和技术规范等需要准备好备用。项目经理、FMEA 主持人、过程工程师和质量工程师是此 PFMEA 的核心团队成员，他们需要保质保量地完成策划书中定义的职责。

表 5 – 6 PFMEA 策划书案例

FMEA 策划书	
项目	刮水器 ECU123
产品	刮水器电子控制单元
项目节点	过程设计发布日期：××××年××月××日，量产日期：××××年××月××日
FMEA 类型	PFMEA

FMEA 范围：
包括割板、印制电路板和盖体组装、焊接、自动光学检查、功能测试以及包装六个过程的分析。

FMEA 任务：
创建包括割板、印制电路板和盖体组装、焊接、自动光学检查、功能测试以及包装六个过程的 PFMEA。其中，割板的分析参考相似产品的 PFMEA122。

FMEA 时间安排：
××××年××月××日开始会议，××××年××月××日之前完成 PFMEA 并获得批准。每周两次时长两小时的会议，预期共 18 次会议完成。

FMEA 要求和资料：
遵照行业通用的 FMEA 方法，没有特殊要求。

技术要求和资料：
会前准备好图样、技术规范、特殊特性清单、流程图、PFMEA122、相似产品的 8D 报告、样件。

团队和职责：
1. 项目经理：×××
主要职责：邀请 FMEA 会议、收集方法和技术要求、保证 FMEA 按时开始和完成、追踪优化改进措施、组织 FMEA 验证、组织 FMEA 报告、送批 FMEA。
2. FMEA 主持人：×××
主要职责：主持 FMEA 会议、生成 FMEA 文档、FMEA 方法咨询。
3. 过程工程师：×××
主要职责：PFMEA 的主要输入者、保证当前措施的正确性、按时完成优化改进措施。
4. 质量工程师：×××
主要职责：参加团队会议、客观识别和评价风险、提供经验教训。

策划时间和签字：
××××年××月××日上午 10：00
签字：×××　×××　×××

　　为了更精确地指导日常 PFMEA 工作，在确定了 PFMEA 的计划完成日期之后，团队制订了更详细的 PFMEA 工作计划。完成的 PFMEA 工作计划见表 5 – 7。从详细计划可以看出，团队为每个过程的分析安排了两周时间，每个过程分析结束后，立刻就安排了这部分的实际验证工作；PFMEA 完成之后，还安排了向管理层汇报以及获得批准的工作。

表 5-7　PFMEA 详细计划案例

工作	时间（第　周）														
	6 周	7 周	8 周	9 周	10 周	11 周	12 周	13 周	14 周	15 周	16 周	17 周	18 周	19 周	20 周
策划和准备															
割板分析															
印制电路板和盖体组装分析															
焊接分析															
自动光学检查分析															
功能测试															
包装															
验证 PFMEA															
报告 PFMEA															
批准 PFMEA															

　　会议的最后，团队填写了 PFMEA 表头，识别了所生产的产品以及 PFMEA 的基本信息。最终，在文件中呈现的表头见表 5-8。

表 5-8　PFMEA 表头案例

公司名称	×××汽车部件有限公司	主题	刮水器电子控制单元生产		
生产地点	×××	PFMEA 开始日期	××××年××月××日	PFMEA 编号版本	PFM12345 V01
顾客名称	×××	PFMEA 更新日期	××××年××月××日	过程责任	×××
车型年/项目	刮水器 ECU123	跨职能团队	见 PFMEA 团队清单附件	保密等级	机密

5.2　结构分析

　　"结构"定义为事物各个组成部分的搭配和排列。大千世界，所有人、事、物都处在一定的结构之中，常见的组织结构图就清晰地表明了组织的结构，它形象地反映了组织内各机构、各岗位上下左右之间的关系。结构中各个组成部分称为结构元素，与组织结构图中的机构和岗位一样，结构元素之间也存在着上下层次以及相同层次的逻辑关系。

分析流程实现时，首先要识别相关要求，然后再分析这些要求的实现方式。在策划和准备步骤，已经收集了要求，现在要考虑它们的实现了，而考虑实现的第一步就是要明确由谁实现这些要求。这时只看到流程的整体是不够的，必须要深入到它们的内部结构，是这些结构元素最终实现了这些要求。

流程的结构分析（Structure Analysis）就是把流程按层次进行分解，然后把得到的结构元素按照层次分明的形式展现出来。于是，上层元素包含下层元素，下层元素属于上层元素。这些不同层次的结构元素将成为要求的实现者；反过来说，如果流程存在潜在问题，肯定是因为某些结构元素存在问题。所以，结构元素既是要求的承担者，又是潜在问题的发生者，结构分析为接下来的功能分析和失效分析建立了人员或物质基础，结构分析的价值正在于此。

作为接下来分析的基础，如果结构分析有遗漏或错误，接下来的分析也将会出现缺失或偏差。所以，适当的结构分析非常重要。作为结构分析的基本工具，运用流程图和结构树可以把结构元素识别得完整且清晰。

5.2.1　准备流程图

与方框图类似，流程图也是一种图形化的分析工具，它可以把流程的组成部分，即每个过程宏观地展现出来，进而描绘出它们之间的顺序关系。流程图的作用是帮助人们更容易理解流程，进而减少将来功能和失效分析的遗漏，而这些都是有效问题预防的基础。因此，流程图是 PFMEA 中结构分析的重要工具。

对一般的生产流程来说，保证产品质量以满足顾客要求是生产的重要任务之一，因此，这些过程的识别一般以物流为研究对象，分析产品的形成顺序，而不一定是人员的先后动作。并且，只有被生产团队执行或者控制的过程才会被放到流程图中。

在流程图中，不同性质的过程一般用不同的图形来表示，这样就为识别浪费进而消除浪费建立了基础。比如，可以用圆形表示增值类过程、用菱形表示检查或测试类过程、用粗箭头表示运输类过程、用正立的等边三角形表示存储类过程，最后用带有箭头的直线连接这些过程，表示它们之间的顺序关系。

制作流程图简单来说有以下两个步骤：1）以过程顺序列出各个过程的图形和文字；2）用带有箭头的直线把这些图形连接起来。其中，箭头方向表示流程的流动方向。图 5-1 展示了流程的说明。在这个说明中，所研究的流程包含了五个过程，不同性质的过程用对应的图形表示了出来，它们之间存在着先后关系，共同实现了产品的生产流程。通过制作流程图，产品的生产过程一目了然，这对研究流程的结构以及功能和失效的因果关系大有裨益。

图 5 – 1　流程图说明

制作流程图时，需要避免遗漏过程。作为接下来分析的基础，流程图的缺失可能会造成结构分析、功能分析以及失效分析的遗漏，于是，过程可能因为越少预防和控制而发生问题。因此，在制作流程图时，需要按照物流顺序谨慎地思考每一个需要的或经历的过程。

5.2.2　建立框架

流程图虽然描述了流程的组成部分，然而分解流程结构时，至少要建立三个层次的结构元素。因为只有这样，才能在此基础上形成失效影响、失效模式和失效原因三个层次。当然，也可以建立更多层次的结构元素，但层次越多，分析的工作量越大。

典型的 PFMEA 结构分析实际是分解流程的过程，它把流程分解为一个个过程，再将一个个过程分解到工作元素，一共三个层次。

过程指利用输入实现预期结果的相互关联或相互作用的一组活动，分解流程后一般包括收料、制造、组装、检查、测试、包装、运输、存储、返工、返修等可能影响产品质量的过程。

工作元素是执行或者影响这些过程的因素，一般分为人员、机器、物料、方法和环境几种类型，简称人、机、料、法、环。在实际的 PFMEA 结构中，需要根据实际情况，把工作元素的具体名称识别出来，比如作业员、焊接机器、焊接夹具等，这样做的好处是起到提示作用，从而减少分析的遗漏。比如，如果只是笼统地写上"机器"，那就很容易忽略在过程中还存在夹具，于是就不会分析夹具的功能和失效，就不会主动去预防和控制夹具的潜在问题，于是，夹具的潜在问题就很可能变成现实问题。

如果流程结构比较单一，不能再分成更多的过程，由于这时可能只有两层结构，不能形成原因、模式和影响三个层次，那就需要在此元素之上再增加它的上一层元素。上一层元素可能是包含它的更高一级过程或者是产品。

可以利用结构树建立流程的框架结构，这不仅是为了完成结构分析，也是为接下来的功能和失效分析区分了不同层次。结构树是一种简单地表示流程结构的图形化方法，它把流程按层次进行分解，然后把得到的结构元素按照层次分明的形式展现出来。于是，上层元素包含下层元素，下层元素属于上层元素，结构树建立了清晰的流程框架。结构树中元素间的交互作用需要靠接下来的功能描述来完成。

分解结构元素时需要遵守"相互独立、完全穷尽"的原则，即相同层次的元素间没有包含和重复的关系，也没有遗漏产生。相互独立是为了精确分析结构元素的功能和失效，而完全穷尽是为了所有元素都有被分析的机会，不会产生遗漏。

可以在 FMEA 专业软件中直接生成结构树以完成结构分析，然后再以结构树为基础进行接下来的功能分析和失效分析。如果使用表格软件制作 DFMEA，结构树也是很好的分析工具，这时候，可以用表格软件或者纸张绘制出结构树，并且一直运用在结构分析、功能分析以及失效分析中。图 5-2 展现了结构树形式的结构分析。

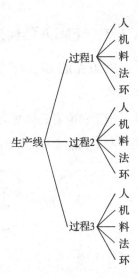

图 5-2　PFMEA 结构树形式结构分析

FMEA 的结果最终以表格的形式呈现，如果用专业 FMEA 软件制作 PFMEA，PFMEA 完成之后才需要生成表格；而如果是用表格软件制作，则 PFMEA 的每个步骤都需要立刻生成表格。生成表格时首先需要确定关注元素，关注元素是处于分析中心的研究对象，将来会以它为立足点分析上下层元素，分析上下层功能以及失效的原因和结果。所以，关注元素处在因果关系的中心位置，是重点要保证的对象。一般来说，会选择流程图中的组成部分作为 PFMEA 的关注元素。

结构分析在表格软件中则是以不同列的形式表达不同层次的结构元素，中间列是关注元素，即过程，它的左边列是该过程所属的流程，而右边列是该过程的工作元素。表 5-9 显示了用表格形式进行的结构分析。其中，所研究的过程是过程 1，它的所属流程是 ×× 生产线，而工作元素是人、机、料、法、环。

表 5-9　表格形式结构分析

产品或流程	过程	工作元素
×× 生产线	过程 1	人
		机
		料
		法
		环

在结构分析时，需要避免过程的遗漏。如果发生了遗漏，就不会主动去预防和控制这些过程的潜在问题，于是潜在问题就很容易变成现实问题。实际的经验也的确证明如此，有些时候发生顾客抱怨或者产品报废，调查原因才发现 PFMEA 遗漏了出现问题的过程。因此，检查结构有没有漏失，一直是顾客和质量管理体系审核的热点。

在 PFMEA 中，容易遗漏的是产品经过的线下过程、临时过程或返工返修、存储和运输过程。因此，需要仔细地审查生产的价值流从而避免漏失。在将来的 PFMEA 验证中，也需要检查这些容易漏失的部分有没有在 PFMEA 中得到分析。

5.2.3 PFMEA 结构分析案例

PFMEA 的结构分析可以分为以下两个步骤：1）建立流程图；2）选定关注元素并建立流程的结构。

策划和准备完毕之后，团队对刮水器电子控制单元的生产流程进行了结构分析。他们首先绘制了如图 5-3 所示的流程图。

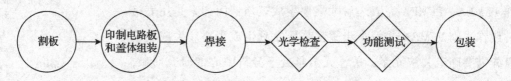

图 5-3   刮水器电子控制单元流程图

从流程图可以看出，刮水器电子控制单元的生产流程由割板、印制电路板和盖体组装、焊接、光学检查、功能测试、包装六个过程组成。其中，割板的目的在于把众多印制电路板组成的面板切割成一个个独立的印制电路板，接下来经过印制电路板和盖体组装，把印制电路板卡扣在盖体中，然后再经过元器件焊接过程。以上三个过程都属于增值过程，用圆形表示。接下来对焊接质量进行光学检查，然后对电子控制单元整体功能进行测试。以上两个过程都属于检查或测试类过程，用菱形表示。最后是产品包装过程，仍然属于增值过程，因此用圆形表示。

绘制了刮水器电子控制单元的流程图之后，团队用结构树建立了它的框架结构，如图 5-4 所示。

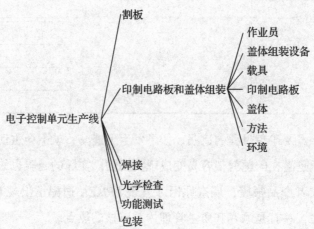

图 5-4   结构树呈现的 PFMEA 结构分析案例

从结构树可以清晰地看出，团队把电子控制单元生产线作为第一层结构元素，把组成它的割板、印制电路板和盖体组装、焊接、光学检查、功能测试、包装等过程作为第二层元素；接下来，团队再把过程按照"人、机、料、法、环"的思路分解到工作元素，比如，印制电路板和盖体组装这一过程的工作元素有作业员、盖体组装设备、载具、印制电路板、盖体、方法及环境。容易看出，团队把工作元素的具体名称识别了出来，而不是抽象的人、机、料、法、环，这样做的好处是起到提示作用，从而减少接下来功能和失效分析的遗漏。

团队选择割板、印制电路板和盖体组装、焊接、光学检查、功能测试、包装作为关注元素，并在表格中进行结构分析。其中，以印制电路板和盖体组装为关注元素的结构分析见表5-10。表5-10中表示以印制电路板和盖体组装为分析对象，其所属产品是电子控制单元，所属流程是电子控制单元生产线，影响该过程的工作元素是作业员和盖体组装设备。

表5-10　表格呈现的 PFMEA 结构分析案例

产品或流程	过程	工作元素
电子控制单元生产线	印制电路板和盖体组装	作业员
		盖体组装设备

5.3　功能分析

收集了相关要求，考虑了由谁实现之后，接下来就要分析如何实现这些要求。其实，要求的实现无非两种途径：要么结构元素需要拥有某些功能，要么结构元素受到某些限制。而功能分析（Function Analysis）就是要分析这两种途径。具体来说，功能分析就是立足于不同层次的结构元素，识别它们的功能和要求，并连接这些具有因果关系的功能和要求的过程。同时，这也相当于流程的功能和要求被分解到各个组成部分的功能和要求，并一直分解到最下层工作元素的功能和要求。

就上下层具有因果关系的功能和要求来说，上层功能和要求得以实现的原因是下层相应的功能和要求得以实现，而下层功能和要求实现的目的是为了实现相应的上层功能和要求。也就是说，上下层对应的功能和要求具有目的和原因的关系。

功能分析确定了结构元素需要实现的功能和要求以及它们之间的因果关系，作为接下来失效分析的基础，如果功能分析有遗漏或错误，接下来的分析也将会出现缺失或偏差。所以，适当的功能分析非常重要。作为功能分析的基本工具，运用常见的功能类型、参数图和功能网可以把功能识别得完整且清晰。

5.3.1　识别功能

功能总结了研究对象需要做的事情，比如印制电路板和盖体组装的功能之一是"用盖体的内卡扣把印制电路板和正确型号的盖体卡扣上"。功能着眼于动作，所以，描述一个功能需要以动词开头，后面跟着表示受动对象的名词，而为了实现正确的功能，接下来还要说明对功能的要求。要求可能来自组织内部，也可能来自组织外部，比如来自顾客的要求或者法律法规的要求。所以，完整的功能描述是动词＋名词＋要求。

为了准确地把握流程设计的界限并减少失效识别的遗漏，需要精准地识别功能的期望范围，所以，要求的各个方面也应该得到体现。比如，对"印制电路板和正确型号的盖体卡扣上"这一功能，既有物料型号的要求，也有卡扣连接尺寸的要求，还有产品不受损坏的要求，对要求的各个方面都应该分别清楚定义。因此，对前述功能的完整描述是"按照图样 XYZ 的要求，用盖体的内卡扣把印制电路板和正确型号的盖体卡扣上"，在这里，"按照图样 XYZ 的要求"以及"和正确型号的盖体卡扣上"体现了这些要求。

很多功能都能体现为输入和输出的转化关系，它们能把施加给分析对象的输入转化为它的输出。对于这样的功能，首先需要识别分析对象的输入和输出，然后把功能描述成把输入转化为输出的关系。利用图 5 - 5 所示的功能示意图可以厘清结构元素的上述功能。在这种情况下，对功能的理解正对应功能的英文单词"function"的另外一个意思，即函数，函数恰恰表达了自变量和因变量的关系。上述印制电路板和盖体组装的功能描述其实就是基于输入和输出的转化关系，印制电路板和盖体组装的输入是盖体和印制电路板，输出是被盖体卡扣好的印制电路板，所以，功能描述成"按照图样 XYZ 的要求，用盖体的内卡扣把印制电路板和正确型号的盖体卡扣上"。

图 5 - 5　功能示意图

值得注意的是，有些功能没有明显的输入和输出的转化关系，这时也不能忽略这种功能。描述这种功能时，直接描述它们的作用和要求即可。比如，印制电路板和盖体组装另外的一个功能是"运送卡扣好的印制电路板到下一个过程的输入口"，这一功能里看不出明显的输入和输出的关系，但可以直接把这种功能描述成作用。

结构分析时已经识别了所有的结构元素，功能分析里要识别每个结构元素的所有功能。应该注意，描述功能时，需要立足于所研究的结构元素，对象的不同层次也决定了功能的不同层次。经常犯的一个错误是把结构元素的功能描述成它下层结构元素的功能。为了避免这个错误，当描述结构元素的功能时，应该把它当成黑箱子，我们看不到它下层的所有元素，只能把它作为一个整体来进行功能描述。比如，过程的功能应该描述成这个过程的任务，但很多 PFMEA 却把它识别为过程的下层元素，即作业员或设备等的动作，其实，这些动作是作业员或设备的功能，而不是过程的功能。

识别功能时，应该避免功能的遗漏。过程的功能一般可以分为增值功能、检测功能、运输功能、存储功能，利用表 5 - 11 的过程功能类型表可以减少过程功能的识别遗漏。

表 5 - 11　过程功能类型

功能类型	解释	例子
增值功能	改变产品特性的功能，比如生产、加工、组装等功能	按照图样 XYZ 的要求，用盖体的内卡扣把印制电路板和正确型号的盖体卡扣上
检测功能	监视、检查或测试功能，其目的是探测失效	按照作业标准 XYZ 的要求，检查盖体和印制电路板的卡扣情况
运输功能	搬运或传递类功能，比如过程内的运输以及过程之间的运输	运送卡扣好的印制电路板到下一个过程的输入口
存储功能	存储原物料、中间产品或最终产品的功能	暂存卡扣好的印制电路板在暂存区

识别产品或流程的功能时，需要分析它们对相关方的作用，典型的相关方是内部工厂、外部工厂、产品或最终用户。比如，对内部工厂的功能可能是"你的工厂：在生产线组装电子控制单元"，对外部工厂的功能可能是"发运至工厂：安装电子控制单元到电动机上"，对产品或最终用户的功能可能是"最终用户：保护电子控制单元和电动机，在设计范围内，避免机械、电气、热应力和内外媒介的损害，参照×××设计要求"。注意，产品的功能在它的 PFMEA 和 DFMEA 中具有一致性。

识别过程的功能时，要着眼于过程的目的或输出，而不是一个个步骤，步骤是工作元素的功能。比如，过程的功能可能是"按照图样 XYZ 的要求，用盖体的内卡扣把印制电路板和正确型号的盖体卡扣上"，而不是"把印制电路板放到载具上，印制电路板上电容的方向朝上"以及"压棒压住盖体下移，直到到达预设的停止位置"。

识别人员的功能时，要着眼于人员可能影响产品质量的动作，一般来说，需要包含换型、安装、设置、放物料、组装、拿出料、维修、异常处理等动作。换型的例子是"换型时，作业员根据产品型号更换对应型号的载具"。安装的例子是"作业员把载具水平地安装到盖体组装设备上"。设置的例子是"作业员设置盖体组装设备的挡块位置"。放物料的例子是"作业员把印制电路板放到载具上，印制电路板上电容的方向朝上"。组装的例子是"作业员把盖体放到印制电路板上，定位柱通过印制电路板定位孔"。拿出料的例子是"作业员把组装好的印制电路板和盖体放到下一工位"。维修的例子是"压棒弯曲时，维护人员卸下旧压棒并换上新压棒"。异常处理的例子是"当盖体组装设备异常停止时，作业员拿出产品放到报废容器"。

识别机器（包括工装夹具）的功能时，一般要识别机器影响产品质量的动作或作用，比如"压棒压住盖体下移，直到到达预设的停止位置"。有时候，对机器的功能进行分析时，有人会选择识别过程特性而不是机器的动作，比如"空气的压力""压棒的完整性"，这在功能的因果关系上是没问题的，但担心的是有遗漏产生。如果识别成动作，则不仅可以对过程产生清晰的理解，而且可以减少遗漏。至于什么过程特性的错误引起机器动作的错误，将会在失效分析里详细讨论。

值得注意的是，如果遇到检测类动作，除非分析的是检测过程或检测功能，否则，一般不会对此动作再进行分析，而是把它当成探测措施，因为检测动作的错误一般并不会直接造成增值功能的问题，失效原因不能反推回失效模式。所以，过程中有各种动作，有些动作的作用是执行过程的功能，有些动作的目的是探测过程的失效，它们的作用需要区别清楚。

如果使用的是 FMEA 专业软件，那么识别和记录功能可以同时进行；如果使用的是表格软件，那么推荐把识别的功能在某处进行记录，以便连接功能时作为参照。表 5 - 12 展示了用表格软件制作的结构元素、功能和失效汇总，其目的是记录识别的结构元素、功能和失效。表 5 - 12 中，高低层次的结构元素从左向右排列，"结构元素"列后面的"功能和要求"列是为了在功能分析时识别此结构元素所有的功能和要求，而"失效"列是为了在失效分析时识别对应功能和要求所有的失效。不同层次的功能、要求以及失效的识别和记录为将来连接这些功能和失效的因果关系建立牢固的基础，而不是在连接功能和失效时，把功能和失效的识别建立在浅层意识和记忆之上。

表 5 - 12　结构元素、功能和失效汇总

上层元素			关注元素			下层元素		
结构元素	功能和要求	失效	结构元素	功能和要求	失效	结构元素	功能和要求	失效

5.3.2　识别特性

要求分为功能性要求，也分为非功能性要求，前者通过功能来实现，后者通过限制设计的自由度来实现。为了实现相关方的要求，首先需要把要求转化为功能性要求，对于不能转化为功能的要求，需要识别为非功能性要求，然后赋予其相应的结构元素。

特性是非功能性要求的特殊表达形式。特性指事物特有的性质，一般可以用单词来表达，比如刮水器电子控制单元的重量、颜色或尺寸就是特性，一般在图样或其他规格文件中可以表达它们。因此，用特性来表达要求显得非常清晰且简洁。

在质量控制领域，把特性分成产品特性和过程特性。经常有人分不清这两种特性，混淆了它们。其实，产品特性是产品特有的性质，会交到顾客手中，一般在产品图样或规格之类的产品文件中可以定义出来，比如盖体和印制电路板的卡扣尺寸；而过程特性是过程特有的性质，一直在过程中存在，一般在作业指导之类的生产文件中可以定义出来，比如载具的型号或程序的型号。

存在两种和特性相关的因果关系，了解和应用它们可以提高控制的效果和效率。

一是过程特性和产品特性可能存在因果关系。过程特性通常是产品特性的原因，产品特性是过程特性的结果。比如，卡扣好的印制电路板（产品特性）需要对应型号的载具（过程特性）才可以生产出来，要得到卡扣好的印制电路板，就要控制生产过程中使用对应型号的载具。

需要把产品特性和过程特性结合起来考虑控制的方法，以节省生产成本和提高控制的效果。如果发现产品特性有问题，那么这时产品的问题已经铸成，可能需要报废或者返工返修，这就造成了成本浪费。所以，有必要在产品问题还没发生之前就发现导致它的原因，比如，可以监控过程特性，过程特性如果一发生问题就得以控制，这时产品特性可能还没来得及发生问题，这就避免了产品报废或者返工返修。所以，控制过程特性可以减少只控制产品特性造成的浪费。但反过来说，如果只控制过程特性，由于这些过程特性并不一定总能被控制住，或者产品特性可能还受其他未识别因素的影响，那产品特性还是可能发生问题。这时由于缺少产品特性的控制，有问题的产品很有可能流到顾客手中造成顾客抱怨甚至索赔。

二是特性和功能也可能存在因果关系，为了实现某个功能和要求，可以控制影响它的特性。因此，机器和工装夹具的功能一般最终都要落实到特性的控制上，特性是功能实现的根本原因。比如，"压棒压住盖体下移，直到到达预设的停止位置"这一功能就受"空气压力大小"的影响，为了实现这个功能，需要控制空气的压力大小。

5.3.3 制作参数图

当某个功能和众多因素相互交错时，无论是功能描述，还是接下来的失效分析，都难以把握，很容易顾此失彼，造成失效识别的遗漏。参数图作为一种图示技术，分析了待研究的功能以及影响因素，它既考虑了细节，又给 FMEA 团队提供了关于这个功能的大局观。因此，当需要时，可以制作参数图帮助进行功能分析甚至失效分析。

参数图包含以下四个组成部分。1）功能的输入和输出。输入和输出的识别为功能描述建立了基础，由于输出还分为期望的输出和非期望的输出，因此，非期望的输出还有利于识别一些潜在失效。2）功能和要求。建立在将输入转化为输出的基础上，功能描述了研究对象预期实现的任务。而要求的识别限定了功能，也限定了过程，同时也为失效的识别提供了基础。3）噪声因素。噪声因素是那些影响过程的因素。如果不能为过程提供一定的稳健性，那么噪声因素可能导致过程出现问题。因此，对合理范围内噪声因素的应对不足也是失效原因的一部分来源。4）控制因素。控制因素是那些为了提高过程的稳健性，过程工程师可以改变的过程参数，指出这些参数有利于识别过程特性。

就噪声因素来说，它们会影响功能的实现。一般有四大噪声因素可能影响过程的功能：1）人员：人员执行的差异；2）机器：机器或其零部件会随着时间的流逝而发生功能性退化；3）物料：零部件之间存在差异；4）环境：过程处在不同的温湿度、振动、灰尘等环境之中。

图5-6 给出了过程参数图的参考说明。

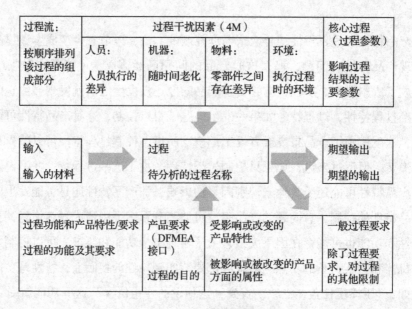

图5-6 过程参数图参考说明

由于制作参数图需要一定的时间和精力，如果有些功能不太复杂，不需要大局观就可以很好地理解，则不需要对这些功能进行参数图分析。一般的指导思想是，对复杂的、创新程度和可靠性要求比较高的功能，可以制作参数图以帮助分析。

其实，即使不书面制作参数图，用参数图的思考方法在头脑中分析功能和失效也很有收获。这种思考方法可以帮助团队清楚地理解功能和要求，广泛探索功能的影响因素，全面识别潜在的失效。

5.3.4 连接功能

单纯地识别每个结构元素的功能并不能建立功能的实现方法，而且失效的因果关系建立在功能的相关性之上，孤立的功能描述并不能确定失效的机理，因此，在识别每个结构元素的所有功能之后，需要分析上下层元素功能之间的因果关系，即连接不同层次有因果关系的功能。

　　连接某个结构元素的功能时，可以借助识别每个结构元素功能和要求的结构树或者结构元素、功能和失效汇总表进行。需要在下层元素的功能中寻找此功能的实现方法，而在上层元素的功能中寻找此功能的目的。在连接功能时，需要保证下层功能的充分必要性。也就是说，连接的下层功能对被连接的上层功能来说都是必要的，如果没有必要，那就是功能浪费；连接的所有下层功能也要是充分的，只要下层功能实现了，连接的上层功能就应该实现，否则，即使下层功能的所有失效得到控制，也不能保证上层功能得以实现。

　　连接在一起的众多功能形成了功能网络。功能网络建立了功能的实现方法以及实现目的，这为失效的发生和发展提供了分析框架。当功能连接完成之后，如果发现有的功能没有建立起因果关系，那要么是遗漏了功能，要么产生了不必要的功能。总之，结构元素所有的功能都应该建立起因果关系，处在功能网络之中。

　　功能分析在专业软件中可能是以功能网的形式展现，而在表格软件中，功能的因果关系则是以不同列的形式表达，中间列是所关注过程的功能，左边列是它的目的，右边列则是它的实现方法。图 5-7 展现了用功能网形式进行的功能分析，表 5-13 展现了用表格形式进行的功能分析。其中，所关注的过程 1 的功能被置于已用粗线框出的中心位置或中间列，右边

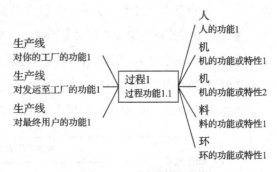

图 5-7　功能网形式功能分析

与其连接的功能是这个功能实现的原因，它们来自下一层次的结构元素，左边与其连接的功能是上一层次的结构元素受此影响的功能，这些功能来自于内部工厂、外部工厂以及最终用户或产品的要求。

表 5-13　表格形式功能分析

流程功能	过程功能和产品特性	工作元素功能和过程特性
对你的工厂的功能 1		人的功能 1
对发送至工厂的功能 1		机的功能或特性 1
对最终用户的功能 1	过程功能 1.1	机的功能或特性 2
		料的功能或特性 1
		环的功能或特性 1

　　值得注意的是，结构元素的功能很多时候不止一个。在功能分析时，需要避免功能的遗漏。如果发生了遗漏，就不会分析它们的失效，就不会主动去预防和控制这些潜在问题，于

是潜在问题就很容易变成现实问题。实际的经验也证明的确如此，有些时候发生顾客抱怨或者产品报废，调查其原因后才发现 PFMEA 遗漏了某些功能的分析。

在 PFMEA 中，容易遗漏的是换型（比如机器和工装夹具的软件和硬件换型、原物料的换型）、安装（比如机器和工装夹具的软件和硬件安装、原物料的安装）、设置，以及所有出错后可能会影响产品质量的维护或问题处理中的动作，这些动作要么属于准备，要么是善后，所以，需要从整个时间维度上考虑所有影响产品的动作。在将来的 PFMEA 验证中，也可以检查这些容易漏失的部分有没有在 PFMEA 中得到分析。

5.3.5 PFMEA 功能分析案例

PFMEA 的功能分析可以分为以下三个步骤：1）为复杂的、创新程度或可靠性要求比较高的功能建立参数图，对于其他功能，也可以运用这种思想来指导分析。2）识别每个结构元素的功能和要求，对于不能被功能包含的要求，需要用非功能性要求，比如特性来识别。3）连接上下层具有因果关系的功能和要求，形成功能网络。

结构分析完毕之后，团队开始进行功能分析。其中，为了揭示印制电路板和盖体组装这一过程所处的背景，团队为其制作了图 5-8 所示的参数图。通过参数图的制作，团队对这个过程的功能要求和影响功能的噪声因素有了清晰的理解。

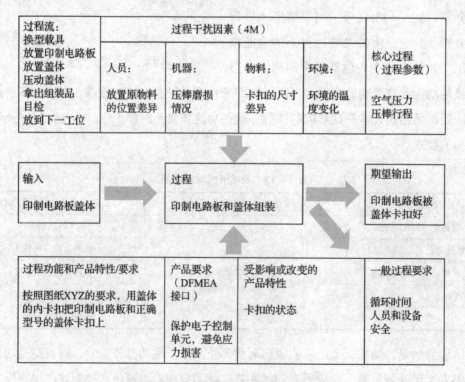

图 5-8 印制电路板和盖体组装参数图

团队利用功能类别表识别了所有结构元素的功能和要求，对于不能被功能包含的要求，他们还识别了非功能要求，其目的是保证所有必要的质量要求都能被 PFMEA 分析到。他们把识别出来的每个结构元素的功能和要求记录在了 FMEA 专业软件中或结构元素、功能和失效汇总表中。

团队识别的电子控制单元生产线的功能和要求有：1）对你的工厂：在生产线组装电子控制单元；2）对发运至工厂：安装电子控制单元到电动机上；3）对最终用户：保护电子控制单元和电动机，在设计范围内，避免机械、电气、热应力和内外媒介的损害，参照×××设计要求。这些功能和要求的记录见表 5 - 14。

表 5 - 14　电子控制单元生产线功能汇总

上层元素		
结构元素	功能和要求	失效
电子控制单元生产线	你的工厂：在生产线组装电子控制单元	
	发运至工厂：安装电子控制单元到电动机上	
	最终用户：保护电子控制单元和电动机，在设计范围内，避免机械、电气、热应力和内外媒介的损害，参照×××设计要求	

团队识别印制电路板和盖体组装的功能和要求有：1）按照图样 XYZ 的要求，用盖体的内卡扣把印制电路板和正确型号的盖体卡扣上；2）运送卡扣好的印制电路板到下一个过程输入口。这些功能和要求的记录见表 5 - 15。

表 5 - 15　印制电路板和盖体组装功能汇总

关注元素		
结构元素	功能和要求	失效
印制电路板和盖体组装	按照图样 XYZ 的要求，用盖体的内卡扣把印制电路板和正确型号的盖体卡扣上	
	运送卡扣好的印制电路板到下一个过程输入口	

团队识别作业员的功能和要求有：1）换型时，作业员根据产品型号更换对应型号的载具；2）作业员把印制电路板放到载具上，印制电路板上电容的方向朝上；3）作业员把盖体放到印制电路板上，定位柱通过印制电路板定位孔，并起动盖体组装设备；4）作业员从载具拿出组装品；5）作业员把组装品放到下一个工位。识别盖体组装设备的功能和要求有：压棒压住盖体下移，直到到达预设的停止位置。这些功能和要求的记录见表 5 - 16。

表 5-16 作业员和盖体组装设备功能汇总

下层元素		
结构元素	功能和要求	失效
作业员	换型时，作业员根据产品型号更换对应型号的载具	
	作业员把印制电路板放到载具上，印制电路板上电容的方向朝上	
	作业员把盖体放到印制电路板上，定位柱通过印制电路板定位孔，并起动盖体组装设备	
	作业员从载具拿出组装品	
	作业员把组装品放到下一个工位	
盖体组装设备	压棒压住盖体下移，直到到达预设的停止位置	

识别了结构元素所有的功能和要求之后，团队开始在上下层结构元素之间连接具有因果关系的功能和要求。其中，对印制电路板和盖体组装这一过程，在 FMEA 专业软件上，团队用功能网进行的功能分析如图 5-9 所示。

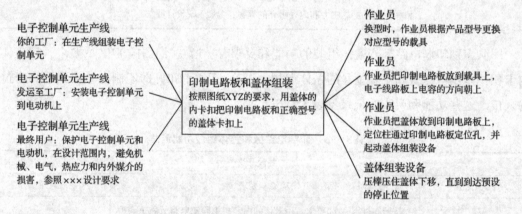

图 5-9 功能网呈现的 PFMEA 功能分析案例

从功能网可以清晰地看出，印制电路板和盖体组装的过程功能"按照图样 XYZ 的要求，用盖体的内卡扣把印制电路板和正确型号的盖体卡扣上"，需要作业员的功能"换型时，作业员根据产品型号更换对应型号的载具""作业员把印制电路板放到载具上，印制电路板上电容的方向朝上""作业员把盖体放到印制电路板上，定位柱通过印制电路板定位孔，并起动盖体组装设备"，以及盖体组装设备的功能"压棒压住盖体下移，直到到达预设的停止位置"才能实现。而过程的上述功能是为了实现或者会影响电子控制单元生产线不同方面的功能，它们分别是"你的工厂：在生产线组装电子控制单元""发运至工厂：安装电子控制单元到电动机上""最终用户：保护电子控制单元和电动机，在设计范围内，避免机械、电气、热应力和内外媒介的损害，参照 ××× 设计要求"。

　　与功能网异曲同工，在表格软件中，参照结构元素、功能和失效汇总表，制作完成的功能分析见表 5 - 17，表中的中括号标示了各个功能所属的结构元素。其中，中间列"印制电路板和盖体组装"的过程功能处于受关注位置，右边列是这个功能实现的原因，而左边列的功能受这个功能的影响。

表 5 - 17　表格呈现的 PFMEA 功能分析案例

产品或流程功能	过程功能和产品特性	工作元素功能和过程特性
［电子控制单元生产线］ 你的工厂：在生产线组装电子控制单元	［印制电路板和盖体组装］ 按照图样 XYZ 的要求，用盖体的内卡扣把印制电路板和正确型号的盖体卡扣上	［作业员］ 换型时，作业员根据产品型号更换对应型号的载具
［电子控制单元生产线］ 发运至工厂：安装电子控制单元到电动机上		［作业员］ 作业员把印制电路板放到载具上，印制电路板上电容的方向朝上
［电子控制单元生产线］ 最终用户：保护电子控制单元和电动机，在设计范围内，避免机械、电气、热应力和内外媒介的损害，参照 xxx 设计要求		［作业员］ 作业员把盖体放到印制电路板上，定位柱通过印制电路板定位孔，并起动盖体组装设备
		［盖体组装设备］ 压棒压住盖体下移，直到到达预设的停止位置

5.4　失效分析

　　收集了相关要求，考虑了由谁实现，也分析了如何实现，接下来就要讨论可能发生的问题，也就是潜在失效分析（Failure Analysis）。识别潜在失效的目的是对过程进行优化改进、降低风险。失效分析识别了潜在失效的因果关系，也就是失效的影响、模式和原因，形成一条条失效链，而接下来的风险分析和优化改进正是基于这些失效链进行的。

　　功能分析之后再进行失效分析，前者是从正面进行分析，后者是从反面进行探讨，两者具有正反对称性。正反对称性也反映在它们的分析步骤上：功能分析先列出结构元素所有的功能和要求，然后再连接上下层具有因果关系的功能和要求；失效分析类似，先列出所有功能和要求的全部失效，然后再连接上下层具有因果关系的失效。

　　对比功能分析和失效分析，也可以看出 PFMEA 采用了逆向思维：为了实现功能和要求，退而求其次，通过识别这些功能和要求的补集，即所有潜在失效，以预防和控制潜在失效。由于功能和失效发生的概率之和为 1，失效的概率减少了，成功的概率自然就增加了。

所以，在这一步，识别出所有可能的潜在失效是关键。作为失效分析的基本工具，运用常见的失效类型和失效网可以把失效识别得完整且清晰。

5.4.1　识别失效

功能或要求不能按期望的方式实现叫作失效。失效是根据功能和要求推导出来的，如果失效的识别有遗漏，那接下来就不会对遗漏的失效制订预防和控制方法，潜在失效就可能变成现实问题。为了尽可能地识别出所有可能的失效，需要总结一下失效的类型。

按照逻辑，首先事物要存在，然后才能谈它们的正确性。对失效的识别，本书也用同样的逻辑总结出表 5-18 所示的过程常见失效类型。

表 5-18　过程常见失效类型

失效类型	解释	例子
范围失效	不能实现功能或要求，实现的功能或要求过少或过多	盖体内没有安装印制电路板；印制电路板没有卡扣上
偏差失效	实现的功能或要求与期望相比有偏差，比如过小或过大	印制电路板型号错误；印制电路板没有卡扣牢固；作业员把印制电路板放到载具上，但印制电路板没有接触载具底部
时间失效	从时间维度上讲，不能实现预期的功能或要求，比如过早、过迟、断断续续、顺序错误。也包括噪声类失效	在压棒压扣好印制电路板之前，作业员拿出半成品；由于压棒磨损，压棒不能把盖体压到预设的停止位置
负面作用	附带发生的不好的作用，比如产品损害或释放超标	印制电路板损坏、刮伤或污染

需要识别结构元素所有功能和要求的失效。识别失效时，首先可以识别范围类失效：实现的功能或要求过少或过多，甚至根本没有功能，例如，盖体内没有安装印制电路板。然后可以识别偏差类失效：实现的功能或要求与期望相比有偏差，比如过小或过大，例如印制电路板型号错误、印制电路板没有卡扣牢固。接下来再在时间的维度上分析不能实现预期的功能或要求，比如过早、过迟、断断续续、顺序错误等，例如，在压棒压扣好印制电路板之前，作业员拿出半成品。最后识别负面作用：比如涉及的对象可能受到损害、产生噪声或发热过高等，例如印制电路板损坏、刮伤或污染。

识别失效时，除了以上这些常规的失效之外，还要考虑特定情况下可能发生的失效。这时候，可以参考参数图的分析结果或方法，识别分析对象在受到噪声因素干扰时表现的不足之处，也就是说，分析该对象在面对人员差异、时间变化、物料差异、外部环境等挑战时可能发生的问题，比如，由于压棒磨损，压棒不能把盖体压到预设的停止位置。由于此类失效是在某些情况下发生的，所以也把它们归类于时间类失效。

不仅要用常见失效类型识别潜在失效，也需要考虑和引入相似产品和过程的经验教训。经验教训包含了历史上发生过的问题描述以及原因分析，不仅反思了问题没有成功预防及没有得到探测的原因，也包含了有效解决该问题的措施。参考和导入经验教训给团队提供了宝贵的学习机会，可以预防相似问题的再次发生，让顾客和组织免受相似问题的不断困扰。

功能的描述语句是动词＋名词＋要求，在这里，要求可能不止一个方面，只有所有方面的要求都满足了，才能说功能和要求没问题，比如，作业员把印制电路板放到载具上时，在位置和方向上都有要求，缺一不可。所以，在识别失效时，首先要清楚功能和要求包含的所有方面，然后分别运用常见失效类型识别每个方面可能发生的问题。

失效的描述语句是对象＋失效描述。比如，"印制电路板没有卡扣上"这个失效描述里，"印制电路板"是对象，"没有卡扣上"是失效描述。在失效的描述语句里，不管是遗漏了对象，还是遗漏了失效描述，也不管是对象描述模糊，还是失效描述模糊，这些都是不足够的，这将给接下来的理解和针对性措施的策划造成障碍。并且，如果失效有自己的专业术语，那么尽可能使用这些专业术语，因为专业术语都有明确的定义，这会让不同人的理解趋于一致。

识别产品或流程的失效时，需要分析它们对相关方功能的失效，典型的相关方是内部工厂、外部工厂、产品或最终用户。比如，对内部工厂的功能失效可能是"你的工厂：挑选产品并报废不良产品"，对外部工厂的功能失效可能是"发运至工厂：挑选产品使用，不会停线"，对产品或最终用户的功能失效可能是"最终用户：在设计范围内，电子控制单元由于机械、电气、热应力或内外媒介而损坏"。注意，产品的失效在它的 PFMEA 和 DFMEA 中具有一致性。

识别过程的失效时，要着眼于该过程的输出问题，这通常是半成品或产品的失效，而不是步骤的错误，比如，过程的失效可能是"印制电路板没有卡扣上"，而不是"印制电路板放到载具上，但上下颠倒了"或者"压棒不能把盖体压到预设的停止位置"。明确产品的失效为产品的控制建立了基础。

识别人员的失效时，要着眼于可能影响产品质量的动作错误，而不是人员心理、生理、能力、培训等问题，比如，"作业员心情不好""作业员没有能力""作业员培训不足"之类的失效描述都是不太合适的，这方面的问题应该由人力资源管理来解决，PFMEA 关注技术性的错误以及技术性解决方案。心理因素难以控制，但人员动作的错误却可以经济地通过作业指导书或防错设计等来预防。

一般来说，人员的失效需要包含换型、安装、设置、放物料、组装、拿出料、维修、异常处理等动作错误。换型失效的例子是"作业员用错了载具"，安装失效的例子是"作业员把载具安装到盖体组装设备上，但放斜了"，设置失效的例子是"作业员设置盖体组装设备的挡块太低了"，放物料失效的例子是"作业员把印制电路板放到载具上，但上下颠倒了"，组装失效的例子是"作业员把盖体放到印制电路板上，定位柱没有通过印制电路板定位孔"，拿出料失效的例子是"作业员把组装好的印制电路板和盖体放到错误工位"，维修失效的例子是"更换压棒时，维护人员把新压棒装得太低了"，异常处理失效的例子是"当盖体组装设备异常停止时，作业员拿出产品放到下一工位"。

识别机器（包括工装夹具）的失效时，一般要识别机器影响产品质量的动作或作用的错误。比如"压棒不能把盖体压到预设的停止位置"。但这还不足够，这样的失效只是结果，而不是原因，并不能基于这样的失效描述预防问题，而只能被动围堵问题。所以，还需要更深入一步，即识别失效的根本原因。因此，把失效描述成"由于压棒弯曲，压棒不能把盖体压到预设的停止位置"，这样的失效才是可以预防的。明确过程的失效为过程的控制建立了基础。

值得注意的是，功能的失效很多时候不止一个。在失效分析时，需要避免失效的遗漏。如果发生了遗漏，就不会主动去预防和控制这些潜在问题，于是潜在问题就很容易变成现实问题。实际的经验也证明的确如此，有些时候发生顾客抱怨或者产品报废，调查其原因后才发现 PFMEA 遗漏了某些失效的分析。

在 PFMEA 中，容易遗漏的是过程的设计不足引起的失效，可以借助常见的失效类型、参数图的思考方法以及经验教训减少这些遗漏。在将来的 PFMEA 验证中，也可以检查这些容易漏失的部分有没有在 PFMEA 中得到分析。

如果使用的是 FMEA 专业软件，那么识别和记录失效可以同时进行；如果使用的是表格软件，那么推荐把识别的失效记录在某处，以便连接失效时作为参照。表 5-19 展示了用表格软件制作的结构元素、功能和失效汇总表，其目的是记录识别的结构元素、功能和失效。表格中，高低层次的结构元素从左向右排列，"结构元素"后面的"功能和要求"列是为了在功能分析时识别此结构元素所有的功能和要求，而"失效"是为了在失效分析时识别对应功能和要求所有的失效。不同层次的功能、要求以及失效的识别和记录为将来连接这些功能和失效的因果关系建立了牢固基础，而不是在连接功能和失效时，把功能和失效的识别建立在浅层意识和记忆之上。

表 5-19   结构元素、功能和失效汇总

上层元素			关注元素			下层元素		
结构元素	功能和要求	失效	结构元素	功能和要求	失效	结构元素	功能和要求	失效

5.4.2 连接失效

一个失效发生后，并不会就此停止，实际上，它会带来其他失效，而其他失效也会引起另外的失效。于是，失效发生和发展的路径就相当于形成了一个链条，其中的每个链节就是一个个失效。常把关注元素的失效叫作失效模式，把它发生的原因叫作失效原因，而失效影响则是失效模式引起的后果。失效原因、失效模式、失效影响形成了最简单的失效链。比如，"由于空气压力太小，压棒不能把盖体压到预设的停止位置"这个失效会导致"印制电路板没有卡扣上"，而这又会导致"在设计范围内，电子控制单元由于机械、电气、热应力或内外媒介而损坏"，这一串的因果关系就是一条失效链。

失效链的识别在问题预防和控制中起到重要作用。首先，通过识别和评价失效链，可以判定风险大小，从而决定采取措施的优先程度。失效原因的发生概率越大，失效原因或者失效模式越难发现，失效影响的严重程度越高，风险就越大。其次，控制风险的措施就是通过失效链展开的，可以针对失效原因，采取措施降低发生概率，也可以针对失效原因或者失效模式，采取措施提高发现它们的能力，还可以针对失效影响，采取措施降低它的严重程度。

因此，在 PFMEA 中，至少需要识别失效原因、失效模式、失效影响这三者形成的失效链，这就需要连接上下层具有因果关系的失效。由于失效的因果关系来源于功能的因果关系，因此，在连接某个功能的失效时，可以借助于已经识别了每个功能和要求失效的结构树或者结构元素、功能和失效汇总表进行，需要在和此功能连接的下层功能和要求的失效中寻找它的失效原因，而在和此功能连接的上层功能的失效中寻找它的失效影响。

在连接失效时，不应该受到控制方法的影响，而需要脱离控制方法，基于功能的因果关系，考虑失效的因果关系再进行连接。其实，控制方法是失效连接并评价后，基于风险大小才提出的，而不是先有控制方法才产生失效链。比如，不能说因为过程有防错设计或者一发生错误设备就停机，失效的产品不会到达顾客手中，所以连接了相对较轻微的失效影响。连接失效影响时，还需要考虑失效对可能的相关方的影响，比如 PFMEA 要考虑失效对内部生产、外部生产以及产品或用户造成的影响。除非失效本身的性质物理地阻止了产品往下游流动，才不需要考虑失效对下游相关方的影响。比如，如果印制电路板真的切割得大到不能与盖体装配，才只会讨论其对内部生产的影响，而不考虑对外部工厂、产品及最终用户的影响。但即使如此，也应慎重，万一失效还能继续往下游流动，那就低估了失效的影响。比如，万一印制电路板并没有切割得大到不能与盖体装配的程度，那么此失效就可能影响到外部工厂、产品以及最终用户。

失效链建立了失效的发生原因、失效模式以及失效影响，这为预防和控制措施提供了分析框架，而基于相同失效模式连接在一起的众多失效链又形成了失效网，失效网整合了相同的失效模式所有可能的发生原因以及失效影响，对问题归类很有帮助。

　　失效分析在专业软件中可能是以失效网的形式展现的，而在表格软件中，失效的因果关系则是以不同列的形式表达，中间列是关注元素的失效，左边列是它的影响，右边列则是它的原因。图 5 - 10 展现了用失效网形式进行的失效分析。表 5 - 20 展现了用表格形式进行的失效分析。其中，关注元素过程 1 的失效被置于中心位置，已用粗线框出，右边与其连接的失效是这个失效发生的原因，它们来自于下一层次功能或要求的失效。左边与其连接的失效是上一层次的功能和要求受此影响的失效。

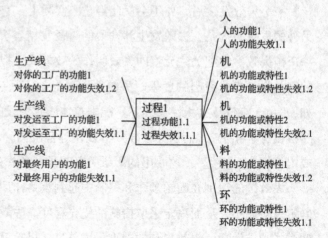

图 5 - 10　失效网形式失效分析

表 5 - 20　表格形式失效分析

失效影响	失效模式	失效原因
对你的工厂的功能失效 1.2		人的功能失效 1.1
对发运至工厂的功能失效 1.1	过程失效 1.1.1	机的功能或特性失效 1.2
对最终用户的功能失效 1.1		机的功能或特性失效 2.1
		料的功能或特性失效 1.2
		环的功能或特性失效 1.1

　　当失效连接完成之后，如果发现有的失效没有建立起因果关系，那要么是遗漏了失效或功能，要么识别了不必要的失效或功能。总之，所有结构元素、所有的失效都应该建立起因果关系，并且应该处在其对应的功能网络之内。

5.4.3　PFMEA 失效分析案例

　　PFMEA 的失效分析可以分为以下两个步骤：1）根据常见失效类型和经验教训，识别每个功能和要求的所有失效；2）连接上下层具有因果关系的失效，形成失效链。

　　功能分析完毕之后，团队对电子控制单元的生产进行了失效分析。他们首先利用常见失效类型和经验教训识别了所有结构元素功能和要求的所有潜在失效，然后把识别出来的每个功能和要求的失效都记录在了 FMEA 专业软件或结构元素、功能和失效汇总表中。

　　针对电子控制单元生产线的功能"你的工厂：在生产线组装电子控制单元"，团队识别的失效为"你的工厂：挑选产品并报废不良产品"。针对功能"发运至工厂：安装电子控制单元到电动机上"，团队识别的失效为"发运至工厂：挑选产品使用，不会停线"。针对功能"最终用户：保护电子控制单元和电动机，在设计范围内，避免机械、电气、热应力和内外媒介的损害，参照×××设计要求"，团队识别的失效为"最终用户：在设计范围内，电子控制单元由于机械、电气、热应力或内外媒介而损坏"。这些失效的记录见表 5-21。

表 5-21　电子控制单元生产线失效汇总

上层元素		
结构元素	功能和要求	失效
电子控制单元生产线	你的工厂：在生产线组装电子控制单元	你的工厂：挑选产品并报废不良产品
	发运至工厂：安装电子控制单元到电动机上	发运至工厂：挑选产品使用，不会停线
	最终用户：保护电子控制单元和电动机，在设计范围内，避免机械、电气、热应力和内外媒介的损害，参照×××设计要求	最终用户：在设计范围内，电子控制单元由于机械、电气、热应力或内外媒介而损坏

针对印制电路板和盖体组装的功能"按照图样 XYZ 的要求，用盖体的内卡扣把印制电路板和正确型号的盖体卡扣上"，团队识别的失效有①错误料号的印制电路板、②错误料号的盖体、③印制电路板没有卡扣上、④盖体损坏、⑤印制电路板损坏。这些失效的记录见表 5-22。

表 5-22　印制电路板和盖体组装失效汇总

关注元素		
结构元素	功能和要求	失效
印制电路板和盖体组装	按照图样 XYZ 的要求，用盖体的内卡扣把印制电路板和正确型号的盖体卡扣上	错误料号的印制电路板
		错误料号的盖体
		印制电路板没有卡扣上
		盖体损坏
		印制电路板损坏

针对作业员的功能"换型时，作业员根据产品型号更换对应型号的载具"，团队识别的失效为"作业员用错了载具"。

针对功能"作业员把印制电路板放到载具上，印制电路板上电容的方向朝上"，团队识别的失效有：1）作业员把错误料号的印制电路板放到载具上；2）作业员把印制电路板放到载具上，上下颠倒了；3）作业员把印制电路板放到载具上，方向放反了；4）作业员把印制电路板放到载具上，但印制电路板没有接触载具底部；5）作业员把印制电路板放到载具上时撞坏了印制电路板。

针对功能"作业员把盖体放到印制电路板上，定位柱通过印制电路板定位孔，并起动盖体组装设备"，团队识别的失效有：1）作业员把错误料号的盖体放到印制电路板上；2）作业员把盖板放到印制电路板上，方向放反了；3）作业员把盖体放到印制电路板上，但定位柱没有通过印制电路板定位孔；4）作业员把盖体放到印制电路板上时撞坏了印制电路板。

针对盖体组装设备的功能"压棒压住盖体下移，直到到达预设的停止位置"，团队识别的失效有：1）由于空气压力太小，压棒不能把盖体压到预设的停止位置；2）由于压棒弯曲，压棒不能把盖体压到预设的停止位置。

注意，案例中下层元素的失效描述已经包括了失效的根本原因，这便于接下来制订预防措施。这些失效的记录见表5-23。

表5-23 作业员和盖体组装设备失效汇总

下层元素		
结构元素	功能和要求	失效
作业员	换型时，作业员根据产品型号更换对应型号的载具	作业员用错了载具
	作业员把印制电路板放到载具上，印制电路板上电容的方向朝上	作业员把错误料号的印制电路板放到载具上
		作业员把印制电路板放到载具上，上下颠倒了
		作业员把印制电路板放到载具上，方向放反了
		作业员把印制电路板放到载具上，但印制电路板没有接触载具底部
		作业员把印制电路板放到载具上时撞坏了印制电路板
	作业员把盖体放到印制电路板上，定位柱通过印制电路板定位孔，并起动盖体组装设备	作业员把错误料号的盖体放到印制电路板上
		作业员把盖板放到印制电路板上，方向放反了
		作业员把盖体放到印制电路板上，但定位柱没有通过印制电路板定位孔
		作业员把盖体放到印制电路板上时撞坏了印制电路板
盖体组装设备	压棒压住盖体下移，直到到达预设的停止位置	由于空气压力太小，压棒不能把盖体压到预设的停止位置
		由于压棒弯曲，压棒不能把盖体压到预设的停止位置

接下来，团队开始连接具有因果关系的上下层失效，他们立足于关注元素的功能失效，在和此功能连接的下层功能的失效中寻找它的失效原因，而在和此功能连接的上层功能的失效中寻找它的失效影响。团队用失效网进行的失效分析如图5-11所示，这些连接的失效的功能也存在连接关系。

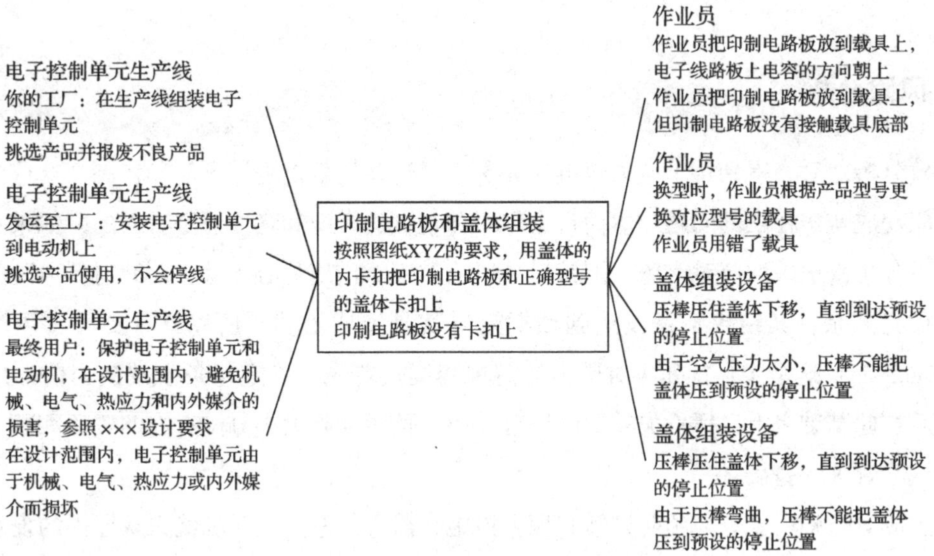

图 5 – 11　失效网呈现的 PFMEA 失效分析案例

从失效网可以清晰地看出，印制电路板和盖体组装的失效"印制电路板没有卡扣上"的失效原因有四个，分别是"作业员把印制电路板放到载具上，但印制电路板没有接触载具底部""作业员用错了载具""由于空气压力太小，压棒不能把盖体压到预设的停止位置"和"由于压棒弯曲，压棒不能把盖体压到预设的停止位置"。而失效的影响分别是"你的工厂：挑选产品并报废不良产品""发运至工厂：挑选产品使用，不会停线""最终用户：在设计范围内，电子控制单元由于机械、电气、热应力或内外媒介而损坏"。

与失效网异曲同工，在表格软件中制作完成的失效分析见表 5 – 24，表中的中括号标示了各个失效属于的结构元素。

表 5 – 24　表格呈现的 PFMEA 失效分析案例

失效影响	失效模式	失效原因
你的工厂：挑选产品并报废不良产品		[作业员] 作业员把印制电路板放到载具上，但印制电路板没有接触载具底部
发运至工厂：挑选产品使用，不会停线	[印制电路板和盖体组装] 印制电路板没有卡扣上	[作业员] 作业员用错了载具
最终用户：在设计范围内，电子控制单元由于机械、电气、热应力或内外媒介而损坏		[盖体组装设备] 由于空气压力太小，压棒不能把盖体压到预设的停止位置
		[盖体组装设备] 由于压棒弯曲，压棒不能把盖体压到预设的停止位置

5.5　风险分析

失效分析之后，得到若干条失效链，如果不对这些失效链进行预防和控制，这些潜在失效就可能变成实实在在的问题。然而每个组织和个人的资源和精力总是有限的，如果对每条失效链不分主次地采取应对措施，那针对高风险的应对措施势必不够，而针对低风险的应对措施又可能多余，其结果不是没达到预期效果就是造成浪费。所以，需要经过风险分析（Risk Analysis）这个步骤排列应对措施的需求程度。首先，确定每条失效链当前的应对措施，然后在此基础之上，评价失效链的风险大小。按照风险大小分配有限的资源和精力，这是有效风险管理的基础之一。

风险应对措施主要分为预防措施和探测措施，前者的意义在于杜绝失效原因的发生或者降低其发生概率，而后者的目的是发现问题的发生和发展，从而启动反应措施。当前计划或者已经执行的应对措施影响当前风险的大小，而风险大小用风险指标来评价。风险指标分为三个单项指标和一个综合指标，单项指标中的严重度评价失效影响的严重程度，发生度评价失效原因的发生概率，探测度评价探测措施对失效的探测能力，而综合指标考虑了这些单项指标，综合评价了风险大小。这四个指标都是数值越大风险越高。

风险分析确定了当前的预防措施和探测措施，并评价当前风险大小，作为接下来触发优化改进的基础，如果风险得不到正确评价，那评价的风险就不能反映实际情况，优化改进的重点就会发生偏差，于是，风险就得不到有效管理。所以，客观的风险分析非常重要。作为风险分析的基本工具，围绕失效链的措施分析可以把预防和探测措施识别得完整而有条理。

5.5.1　识别预防措施

失效链发生的起点是失效原因，如果在失效原因发生之前，有措施降低其发生概率或者避免其发生，这无疑是美好的，因为它减低或者避免了损失。FMEA把这类措施称为预防措施，它的作用是杜绝失效原因的发生或者降低其发生概率。

相对其他措施，降低风险更倾向于采取预防措施。预防措施起作用时，失效原因和失效模式还没有产生，产品还没有出现不良品，顾客还没有产生抱怨和索赔，也还没有造成人身伤害，因此，采取预防措施是一种最节省成本的方法。所以，识别风险的应对措施首先应该是预防措施。

虽然执行预防措施有很多收益，但并不是说它有多复杂或者需要非常高的成本。恰恰相反，相对于其他风险应对措施，执行预防措施往往更简单、更节省成本！获取更多的信息、设想更便利的操作方法往往就能起到很好的预防作用。

对 PFMEA 来说，在失效原因发生之前，应对风险的措施属于预防措施，表 5-25 列出了 PFMEA 常见的预防措施类型。一般可以把主要的预防措施总结为①设计保证、②操作便利、③作业指导、④能力提高、⑤维护保养、⑥防错设计等类别。在识别或开发过程的预防措施时，可以基于这些类型展开思考。

表 5-25　PFMEA 常见预防措施类型

预防类型	解释	例子
设计保证	过程设计的错误会产生失效，这种失效在量产时相对难预防和探测，在过程放行阶段，可以用放行检查表、程序等对过程设计进行验证	在过程放行时，验证压棒的压入距离
操作便利	通过过程的设计、工具的运用或者干扰的排除让过程的执行更加容易，过程的执行越便利，犯错的机会就越小	载具上定位孔的导向作用便于印制电路板放到载具上
作业指导	清晰、明确的操作指导可以告诉人员应该怎么做，克服他们思维上的盲点、误区，让人员少犯错误	作业指导书定义了载具的定位柱需要通过印制电路板的定位孔
能力提高	提高人员的能力方法之一是培训和练习，而提高机器动作的准确性和精确性是提高机器能力的方法之一。能力增强，错误减少	每月对印制电路板和盖体组装过程的作业员进行培训和测试，年度对压棒的下压位置进行过程能力指数确认
维护保养	对机器、设备、工装夹具而言，维护保养可以让它们一直处于良好的工作状态，减少失效的产生	维护保养定义了周期性检查压棒状态
防错设计	分析了错误的属性和发展，在过程中融入了预防或者发现错误的功能	载具的防错设计：方向错误的印制电路板装不到载具内

虽然过程是执行出来的，但过程也是事先设计出来的，过程设计也可能发生问题。过程的设计问题一般难以在量产时被预防或探测出来，并且一旦发生，可能造成产品批量报废，浪费大量成本。设计保证表示的是预防和探测过程设计的失效，这些预防措施可以参考产品设计的预防措施和探测措施，比如，可以用放行检查表、程序等对过程设计进行验证。设计保证的一个例子是"在过程放行时，验证压棒的压入距离"。

复杂的过程增加了犯错机会，便利容易指的是通过过程的设计、工具的运用或者干扰的排除让过程的执行更加容易。过程的执行越便利，犯错的机会就越小。过程设计的一个例子是"盖体和印制电路板的手工装配升级为机器自动装配"，工具的一个例子是"载具上定位孔的导向作用便于印制电路板放到载具上"，排除干扰的一个例子是"每次只做一个料号的产品防止混料"。

作业指导是对人员的操作而言，简单、正确、清晰、明确的操作指导可以告诉人员应该怎么做，克服他们思维上的盲点、误区，让人员少犯错误。取决于风险大小，操作指导可以口头进行，也可以书面定义，即使书面定义也应该清晰明了、图文结合。作业指导的一个例子是"作业指导书定义了载具的定位柱需要通过印制电路板的定位孔"。

能力提高既可以对人员而言，也可以对机器设备而言。带有练习和反馈的培训是提高人员能力的方法之一，人员能力提高的一个例子是"每月对印制电路板和盖体组装过程的作业员进行培训和测试"。当然，如果是一般的人员培训，可以不在 PFMEA 中注明，因为执行作业指导类预防之后，人员都是要经过培训的，这无须赘言。

提高机器设备动作的准确性和精确性是提高机器设备能力的方法之一，评价机器设备能力的常用方法是对过程的能力进行研究。对生产过程中产生的计量型数据来说，可以用稳定过程的能力指数 C_{pk} 以及性能指数 P_{pk} 来评价其过程能力。过程能力指数的数学公式是规格的公差范围除以过程的变化范围，过程能力越高，过程的变化范围越低，因此，能力指数越大，代表过程越能满足顾客的要求。其中，C_{pk} 考虑了分组收集数据后子组内数据的变差，而不包括子组间变差的影响；P_{pk} 则考虑了所有收集数据的变差，当两者差距不大时，说明生产过程中只受随机波动的影响，反之就可以肯定，组间差异也非常大。

对初始过程研究来说，过程能力大于 1.67，表示过程能够满足接受准则；过程能力在 1.33~1.67，表示该过程目前可以接受，但可能会要求做出改进；如果过程能力小于 1.33，则说明过程暂时不能满足接受准则。过程能力确认的一个例子是"年度对压棒的下压位置进行过程能力指数确认"。

虽然维护保养可以针对人员，以保证员工的休息和身心健康，但在工业世界中，维护保养主要对机器、设备、工装夹具而言，维护保养可以让它们一直处于良好的工作状态。机器、设备、工装夹具出现问题，很多时候会产生批量的产品问题，造成大量的成本浪费，而做好维护保养可以减少问题的发生。维护保养的一个例子是"维护保养定义了周期性检查压棒状态"。

PFMEA 中所说的防错设计一般指的是过程的防错设计，主要实现在过程中；而 DFMEA 中的防错设计主要指产品的防错设计，它成为产品的一个特性。无论何种类型的防错，其目的都是消除某种错误。相对来说，过程防错其实已经是一种过程控制，一般会比产品防错需要更多的成本，其效果也可能不如产品防错强大。但是，相对过程的其他控制方法来说，过程防错无疑更为可靠，有时候也更节省成本，工装夹具简单的外形设计很多时候就可以实现防错的功能。

运用防错技术可以有效防止人员的错误。典型的过程防错之一是通过工装夹具的外形或销钉实现防错，一般用来预防作业员把原物料、半成品或产品放错方向、位置等，比如，载具的防错设计使得方向错误的印制电路板装不到载具内；典型的过程防错之二是运用各种传感器感应过程的不同状态，当状态不正确时，触发机器报警或停止工作，比如压力传感器监控压力大小，当压力不符合要求时，机器会报警并停止工作；典型的过程防错之三是运用各种信息输入设施，比如读码器、阅读器或光学装置读取信息，然后自动检查信息的正确与否，比如，扫码枪自动扫描原物料上的二维码，如果原物料错误，机器报警或停止工作。

使用和描述预防措施时，为了有利于它们的执行和达到效果，预防措施的使用要正确，描述要清楚、完整。错误的预防措施带来欠佳的效果，太笼统的措施描述让人不知其意，削弱了它们的作用，比如，对人员的措施一律是"培训""作业指导书"或"告诫惩罚、批评教育"，应对机器设备的问题一律是"维护保养""更换机器"，这些都是不够具体甚至是错误的，它们缺少正确而具体的指向，不仅很难执行这些笼统的措施，很难达到预期的效果，也很难评估这些措施的有效性。对预防措施建议的描述是预防方法＋预防内容＋适用的依据，人员类预防措施的一个例子是"作业指导书定义了换型时根据夹具矩阵表使用载具"，机器设备类预防措施的一个例子是"维护保养定义了周期性检查和控制空气压力"。

5.5.2　识别探测措施

所有的失效原因都能被成功预防当然是最好的，但在很多情况下，虽然执行了预防措施，失效原因的发生概率也确实降低了，但这并不意味着失效不会发生。事实上，失效原因还是可能发生的，而且还会导致失效模式，失效模式还会继续发展。这时，不能对此毫无作为，听任问题对相关方产生影响。因此，除了预防问题，还应该争取时间发现问题的发生和发展，也就是执行探测措施。探测措施既可以用来发现失效原因，也可以用来探测失效模式，甚至可以用来探测整个产品的问题，也就是说，探测措施可以用来发现失效链上的任何一个失效，从而启动反应计划以及纠正措施。

虽然需要重视预防措施，但也不可忽略探测措施。探测措施是在失效原因发生之后，减少进一步损失以及顾客抱怨的有效手段。探测措施越提前，失效造成的损失就越小；探测措施越有效，失效产品流到顾客手中的机会就越小。所以，对探测措施来说，看重的是它们的及时性和有效性，探测的不及时或者没有效果都会导致风险增加。另外，对任何一条失效链，当前的探测措施可能并不唯一，并不要求所有的探测措施同时达到及时性和有效性，只要它们加在一起的总体效果达到及时性和有效性即可。

对 PFMEA 来说，在失效原因发生之后，发现失效的措施属于探测措施。如表5–26 PFMEA 常见探测措施类型所示，一般可以把主要的探测措施总结如下：1）对过程检查测试；2）对半成品检查测试；3）对成品检查测试。虽然这些探测措施的及时性依次降低，但探测的效果却依据实际的探测能力而定，并且都必须在成品离开组织之前完成。识别或开发过程的探测措施时，可以基于这些类型展开思考。

表 5 – 26   PFMEA 常见探测措施类型

探测类型	解释	例子
过程检查测试	监视、检查或测量人员、机器、工装夹具、物料或环境的操作或状态等过程因素	扫描枪自动读取载具的二维码，再和系统对比；传感器自动感应空气压力大小
半成品检查测试	在中间过程检查或测量过程的结果	当站目视检查印制电路板有没有卡扣上，自动光学检查印制电路板有没有卡扣上
成品检查测试	形成产品后，检查或测量产品的外观、功能等	最终目检站检查电子控制单元外观，功能测试

过程的检查测试指的是监视、检查或测量人员、机器、工装夹具、物料或环境的操作或状态等过程因素，它的作用是及时发现失效原因，从而启动反应措施以减少半成品的失效产生，从而降低生产成本以及减少不良品流出当站。过程检查测试的例子是"扫描枪自动读取载具的二维码，再和系统对比""传感器自动感应空气压力大小"。

半成品检查测试表示在中间过程检查或测量过程的结果。半成品可以来自于当站，也可以来自前面的站别。它的作用是及时发现失效模式，从而启动反应措施以减少不良品继续生产，减少失效的成品产生，因此降低生产成本以及减少不良品继续流动。半成品检查测试的例子是"当站目视检查印制电路板有没有卡扣上""自动光学检查印制电路板有没有卡扣上"。

成品检查测试指的是检查或测量成品的外观、功能等。它的作用是阻止不良品流到顾客手中，以预防失效对顾客或法律法规的影响。成品检查测试的例子是"最终目检站检查电子控制单元外观""功能测试"。

描述探测措施时，为了有利于它们的执行和效果评估，探测措施的描述要清楚且完整。太笼统的探测措施让人不知其意，削弱了它们的作用，比如，"监视""检查""测试"这些都是不够具体的，缺少具体的指向，不仅很难执行这些笼统的措施，也很难评估这些措施的有效性。对探测措施建议的描述是"探测对象 + 探测方法 + 适用的标准"，比如"按照×××标准，在当站目视检查印制电路板有没有被卡扣上"。

分析探测措施时，需要借助失效链进行，先分析当前有什么措施可以探测失效原因，如果失效原因不能百分之百地得到探测或控制，再分析当前有什么措施可以探测失效模式，就这样不断分析下去，直到可以成功控制失效链或者当前已经没有其他探测措施为止。

在一条失效链里，如果只安排了探测失效模式的措施，而没有安排探测失效原因的措施，那失效原因发生后就不会被发现，直到它继续发展导致失效模式为止，而失效模式发生时，浪费就产生了，可能需要产品报废或返工返修。

反过来，在一条失效链里，如果只安排探测失效原因的措施，而没有安排探测失效模式的措施，那可能也是危险的。针对失效模式的探测是为了保护顾客，没有这个保护，失效模式可能到达顾客手中。毕竟，很难把所有潜在的失效原因都分析出来，也很难把所有识别出来的失效原因都控制好。这些没有识别或者没有控制好的失效原因就会继续导致失效模式的发生，当失效模式发生时，由于没有得到探测，失效的产品就流出了组织。

此外，还需要考虑从失效地点到探测地点之间存在的半成品数量。数量越大，当探测出失效时，受影响的半成品就越多，产品可能会发生批量返工、返修甚至报废，造成大量的资源浪费。所以，不仅要评价探测的效果，还要安排适当的探测时机，以减少生产成本。

5.5.3 评价严重度

严重度衡量了失效影响最严重的程度。严重程度越高，严重度也越高，风险也越大。由于在失效分析时考虑了失效对不同相关方的影响，所以这些影响就有了各自的严重度，在评价失效链的严重度时，选取的是最高等级的严重度。

严重度应该独立于发生度和探测度的评价，不能认为发生概率低或者探测能力强，失效就不会到达顾客手中，不会造成糟糕的失效影响，严重度就低。其实，严重度评估的是已经识别的失效链的严重程度，失效链不会因为外界的预防和探测措施而改变，所以，严重度不应该因为发生度或探测度的高低而有所调整。事实上，发生度和探测度的优劣将会在各自的指标中分别去评价，如果基于它们的高低评价严重度，那就产生了双重评估。

在评价严重度时，需要把具体的失效影响和评价准则对照，再从中选取合适的分值。这些评价准则既可以参照行业标准或建议，也可以事先定义适用于自己组织的准则，但必须获得相关管理者的批准，必要时，需要获得顾客的批准。

汽车行业把严重度分成 1 到 10 分，分值越大，严重程度越高。PFMEA 严重度评价准则见表 5-27，它从失效对内部生产、外部生产以及对最终用户的影响分别进行严重度评价。

表 5-27 PFMEA 严重度评价准则

S	影响	对你的工厂影响	对发运至工厂影响 （在已知情况下）	对最终用户影响 （在已知情况下）
10	非常高	失效可能会导致工人面临健康或安全风险	失效可能会导致工人面临健康或安全风险	影响车辆和/或其他车辆的安全操作，影响驾驶人、乘客、道路使用者或行人的健康
9		失效可能会导致不符合厂内法规	失效可能会导致不符合厂内法规	违反法律法规

（续）

S	影响	对你的工厂影响	对发运至工厂影响 （在已知情况下）	对最终用户影响 （在已知情况下）
8	高	受影响的产品100%报废	停线超过一个完整的班次；可能不能发货；需要现场返修或更换	在预期寿命内，正常驾驶所必需的车辆主要功能丧失
7		产品可能需要挑选并且报废；主要过程有偏差；生产线速度降低或增加人力	停线在一小时到一个完整的班次之间；可能不能发货；需要现场返修或更换	在预期寿命内，正常驾驶所必需的车辆主要功能退化
6		100%产品可能需要线下返工才能接受	停线不超过一小时	车辆次要功能丧失
5	中	部分产品可能需要线下返工才能接受	部分产品受影响；非常有可能出现额外的缺陷产品；需要挑选；不会停线	车辆次要功能退化
4		100%产品可能需要线上返工才能接受	缺陷产品触发重大反应计划；不太可能出现额外的缺陷产品；不需要挑选	非常反感的外观、声音、振动、声振粗糙度或触感
3		部分产品可能需要线上返工才能接受	缺陷产品触发较小的反应计划；不太可能出现额外的缺陷产品；不需要挑选	中等反感的外观、声音、振动、声振粗糙度或触感
2	低	对过程、操作或作业员造成轻微不方便	缺陷产品不会触发反应计划；不太可能出现额外的缺陷产品；不需要挑选；需要向供应商反馈	轻微反感的外观、声音、振动、声振粗糙度或触感
1	非常低	没有可识别的影响	没有可识别的影响	没有可识别的影响

从表5-27中可以看出，1分表示的影响非常低，低到不可识别。

2、3、4分对内部生产来说，影响程度从不方便到100%线上返工；对外部生产来说，影响从不会触发反应计划到触发重大反应计划；对最终用户的影响都与人的感官相关，区别在于反感程度不同，2分表示的反感程度是轻微，3分是中等，4分是非常。

5分和6分对内部生产来说，其影响与不同程度的线下返工相关；对外部生产来说，影响从挑选到停线一小时；对最终用户的影响与车辆的次要功能相关，比如车辆的舒适功能，5分是次要功能退化，6分是次要功能丧失。

7分和8分对内部生产来说，影响与不同程度的产品报废相关；对外部生产来说，影响从停线一小时到一个班次；对最终用户的影响与车辆行驶功能相关，7分是主要功能退化，

8 分是主要功能丧失。

9 分的影响是违反法律法规。10 分的影响是人员的健康或安全。10 分的定义充分体现了生命高于一切的思想！

不要错误理解安全产品和严重度等于 10 的产品之间的关系。安全产品与产品的应用领域有关，用在安全方面的产品属于安全产品。汽车安全产品包括主动安全产品和被动安全产品。前者避免事故的发生，比如防抱死制动系统（ABS）、电子稳定系统（ESP）等，而后者致力于减少受伤害的程度，比如安全气囊等。而 FMEA 中的严重度 10 表示该失效模式可能影响人员安全，并不代表该产品应用在安全领域。因此，不能说非安全产品其严重度就不该为 10，也不能说严重度等于 10 的就是安全产品。

应该注意，同一个产品无论是设计出来的，还是生产出来的，其相同问题的性质肯定是一致的。所以，DFMEA 和 PFMEA 关于产品的同一个失效影响，其严重度评价应该是一致的。为了保持这种一致性，既需要顾客和供应商之间的信息传递，也需要不同层次 FMEA 之间的信息传承。

5.5.4　评价发生度

发生度衡量失效原因的发生概率。发生概率越大，发生度就越高，风险也越大。可以想见，如果发生度评价的是失效模式的概率，由于一个失效模式可能有很多失效原因，那这些失效链的四个风险指标的数值很可能都是一样的，这就很难排出优化改进的优先顺序。发生度也评价了预防措施的有效性，如果它比较高，就表示预防措施还不够，需要接下来的优化改进。

需要注意的是，对失效原因发生情况的评价应该同时间结合起来，需要考虑过程在整个生命周期里失效的发生情况。很显然，顾客期望在过程的整个生命周期里，过程始终保持一定的可靠性，基于时间的考虑有利于过程一直保持较好的运行状况，因此，过程的老化、腐蚀、磨损、消耗等都是要考虑的因素。

在评价发生度时，需要把具体的失效原因、预防措施和评价准则进行对照，再从中选取合适的分值。这些评价准则既可以参照行业标准或建议，也可以事先定义适用于自己组织的准则，但必须获得相关管理者的批准，必要时，需要获得顾客的批准。

汽车行业把发生度分成 1 到 10 分，分值越大，发生概率越高。PFMEA 发生度评价准则见表 5-28，它对发生度从预防类型、预防效果和事件数据这三个维度进行评价。其中，预防类型分为三种方式：技术手段依靠的是机器和工装夹具，最佳实践依靠的是程序或文件定义，而行为依靠的是人员自己的素质和能力。事件数据可基于历史数据或者时间数据，前者需要较精确的数据积累，而后者只需要粗略的估计，可根据掌握数据的实际情况选择合适的评价方法。

表5-28 PFMEA发生度评价准则

O	失效原因发生预测	预防类型	预防效果	每千件产品发生数/车辆中事件数	基于时间的失效原因预测
10	极高	没有	没有	≥100，≥1/10	每次
9	非常高	行为	预防控制对失效原因的预防作用很小	50，1/20	几乎每次
8				20，1/50	每班多于1次
7	高	行为或技术	预防控制对失效原因的预防有些效果	10，1/100	每天多于1次
6				2，1/500	每周多于1次
5	中		预防控制对失效原因的预防有效	0.5，1/2000	每月多于1次
4				0.1，1/10000	每年多于1次
3	低	最佳实践：行为或技术	预防控制对失效原因的预防非常有效	0.01，1/100000	每年1次
2	非常低			≤0.001，1/1000000	每年少于1次
1	极低	技术	由于产品（比如零件的几何形状）或过程（比如工装夹具设计）设计到位，预防控制对失效原因的预防极其有效。失效模式不会被物理地生产出来	预防控制消除了失效	从不发生

从表5-28可以看出，1分对应的发生度极低，预防采用的是技术手段，预防极其有效，预防控制消除了失效，失效原因从来不会发生。

2分和3分对应的发生度从非常低到低，预防采用的是最佳实践和行为或技术相结合，预防非常有效，发生概率从1/1000000以下到1/100000，失效原因每年发生少于1次到每年1次。

4分和5分对应的发生度为中，预防采用的是行为或技术手段，预防有效，发生概率从1/10000到1/2000，失效原因从每年多于1次到每月多于1次。

6分和7分对应的发生度为高，预防采用的是行为或技术手段，预防有些效果，发生概率从1/500到1/100，失效原因从每周多于1次到每天多于1次。

8分和9分对应的发生度为非常高，预防采用的是行为手段，预防效果很小，发生概率从1/50到1/20，失效原因从每班多于1次到几乎每次。

10分对应的发生度极高，没有预防措施，没有预防效果，发生概率大于1/10，每次都发生。

5.5.5 评价探测度

探测度衡量在产品交付顾客之前，探测措施发现失效原因或失效模式的能力。如果在产品交付顾客之后才探测出失效，由于失效已经影响到顾客或最终用户，他们已经受到影响、产生了抱怨，这时探测已经为时过晚。

探测能力越差，探测度数值就越大，风险也越大。探测度评估探测措施的有效性，而不是探测措施数量的多少，不能因为探测措施的数量多，就想当然地认为探测能力好。如果探测度数值比较大，就表示探测措施还不够，需要接下来进行优化改进。

在评价探测度时，需要把具体的失效链、探测措施和评价准则进行对照，再从中选取合适的分值。这些评价准则既可以参照行业标准或建议，也可以事先定义适用于自己组织的准则，但必须获得相关管理者的批准，必要时，需要获得顾客的批准。

汽车行业把探测度分成 1 到 10 分，分值越大，探测能力越差。PFMEA 探测度评价准则见表 5 - 29，它对探测度从探测成熟度、探测类型和探测时间这三个维度进行评价。

表 5 - 29　PFMEA 探测度评价准则

D	探测能力	探测成熟度	探测类型
10	非常低	测试或检查方法尚未建立或不知道	不会或不能探测出失效模式
9		测试或检查方法不太可能探测出失效模式	通过随机或不定时的审核不容易探测出失效模式
8	低	测试或检查方法没有被证明有效或可靠（比如工厂对此探测方法没有或仅有很少经验、测量的重复性和再现性结果处在边缘值）	人工检查（视觉、触觉、听觉），或使用人工量具（计数型或计量型），应该可以探测出失效原因（包括产品样本检查）或失效模式
7			基于设备的探测方法（采用光学、蜂鸣器等报警的自动化或半自动化方式），或检查设备，比如坐标测量机，应该可以探测出失效原因（包括产品样件检查）或失效模式
6	中	测试或检查方法被证明有效且可靠（比如工厂对此探测方法有经验、测量的重复性和再现性结果可接受）	人工检查（视觉、触觉、听觉），或使用人工量具（计数型或计量型），可以探测出失效原因（包括产品样本检查）或失效模式
5			基于设备的探测方法（采用光学、蜂鸣器等报警的半自动化方式），或检查设备，比如坐标测量机，可以探测出失效原因（包括产品样件检查）或失效模式

（续）

D	探测能力	探测成熟度	探测类型
4	高	系统被证明有效且可靠（比如工厂对探测方法有经验、测量的重复性和再现性结果可接受）	基于设备的自动化探测方法，可以在下游工站探测出失效模式，预防进一步加工或系统可以识别出不良品并允许其在过程中自动移动，直至指定的不良品卸载区。不良品被有效的系统进行控制，预防了这些产品从工厂流出
3			基于设备的自动化探测方法，可以在本工站探测出失效模式，预防进一步加工或系统可以识别出不良品并允许其在过程中自动移动，直至指定的不良品卸载区。不良品被有效的系统进行控制，预防了这些产品从工厂流出
2		探测方法被证明有效且可靠（比如工厂对探测方法有经验、防错有验证）	基于设备的探测方法，可以探测出失效原因并预防失效模式（不良品）的生产
1	非常高	失效模式不会被物理地生产出来，或者探测方法经过证明总能探测出失效原因或失效模式	

　　从表 5-29 可以看出，1 分对应的探测能力为非常高，失效模式不会发生，或者探测措施总能探测出失效原因或失效模式。

　　2、3、4 分对应的探测能力为高，探测方法证明有效且可靠。它们都是基于设备的自动探测措施，不同之处在于，2 分自动探测出失效原因，因而失效模式不会发生；3 分在当站自动探测出失效模式并能防止继续生产；4 分在后续站自动探测出失效模式并能防止不良品流出工厂。

　　5 分和 6 分对应的探测能力为中，探测方法证明有效且可靠。不同之处在于，5 分是基于设备的探测方法，6 分对应的是使用人的感官或手工量具检查。

　　7 分和 8 分对应的探测能力为低，探测方法没有被证明有效或可靠。不同之处在于，7 分是基于设备的探测方法，8 分对应的是使用人的感官或手工量具进行检查。

　　9 分和 10 分对应的探测能力非常低，探测方法不太可能探测出失效或者没有探测方法。9 分对应的是随机或不定时检查，10 分对应的是探测不出失效模式。

5.5.6　计算综合指标

　　每个组织和个人的精力、资源、时间等都是有限的，不可能对所有失效链都同等对待，所以就产生了对风险排列优先级的需求。如果只用单项指标排列风险大小，由于存在三个单项指标，就会顾此而失彼，这就产生了建立综合指标的需求。综合指标联合了严重度、发生度和探测度这些单项指标，让同一份 FMEA 文件中的不同失效链之间的风险比较更加容易。常用的综合指标有 RPN、风险矩阵、AP。在 AIAG VDA FMEA 手册出版之前，汽车行业使用 RPN 指标，手册出版之后，推荐使用 AP。

RPN 即风险优先数，是最经典的综合指标，它取自严重度、发生度和探测度三个指标的乘积，因此，数字的范围从 1 到 1000。顾名思义，RPN 试图把风险大小的高低顺序排列开来。

早期阶段，人们对 RPN 的认知还不全面，认为 RPN 高的风险也相对较高，RPN 低的风险也相对较低，所以给它规定了一个限定值，超过这个限度，风险就是不可接受的，必须采取优化改进措施，而低于这个限度，就可以高枕无忧。随着研究和实践越来越多，人们认识到有些低 RPN 的风险反而比高 RPN 的风险更高，即使是相同的 RPN，其风险其实也有高低之别。

比如，一个失效链的严重度为 10，发生度为 4，探测度为 5，RPN 为 200，另一个失效链的严重度为 8，发生度为 5，探测度为 6，RPN 为 240，从 RPN 的数值上来看，后一个失效链的风险似乎更高，应该优先采取措施。实际上，由于有非常高的严重度（人员伤亡），同时发生度和探测度也不低，因此，虽然 RPN 比后者低，但前一条失效链的风险其实更高。产生这个问题的原因是，RPN 认为严重度、发生度和探测度同等重要，这与实际情况相背离，事实上，严重度应该优先于发生度，而发生度又优先于探测度。

RPN 的第二个问题在于它把三个单项指标平均化了，较高的指标会被较低的指标中和，因此，从 RPN 的数值看不出较高的单项指标，从而失去了优化改进的指示。这就像高绩效员工和低绩效员工放在一起考核，其平均绩效还算令人满意，因此可能失去进一步提高的机会。

人们对 RPN 的认知深化之后，逐渐取消了 RPN 的限定值，而是用它来排列风险优先处理的顺序，这就像它的名字一样，更多地起到"优先风险"的作用，而不是衡量风险的绝对高低。看风险的高低，还要看具体的严重度、发生度和探测度三个指标。

风险矩阵借鉴了风险管理的方法，它把单项指标制作成坐标轴，比如用严重度作为横轴，发生度作为纵轴，然后将坐标轴中不同的区域划分为红黄绿三种颜色，红色代表高风险，黄色代表中风险，绿色代表低风险。运用风险矩阵时，首先确定评价结果落入的坐标区域，然后根据该区域的颜色决定该风险的高中低等级。风险矩阵起到了很好的视觉化效果，遗憾的是，它每次只能考虑两种指标，而不能同时三者兼顾。

AP 即措施优先度，是汽车行业最新研制的综合指标。RPN 是风险优先数，试图排列风险的相对大小，而 AP 是措施优先度，它的目的不是排列风险，而是指示优化改进的优先级别。AP 同时考虑了严重度、发生度和探测度，并且更看重严重度，其次是发生度，最后是探测度，这和风险大小的实际情况是一致的。

根据严重度、发生度、探测度三个指标的不同分布，AP 给出了可能的三种结果，分别是优先度高、优先度中和优先度低。在实际运用中，需要根据严重度、发生度和探测度的三个数值查询如表5-30所示的 PFMEA 措施优先度评价准则或利用内置了 AP 表的工具，得到 AP 的结果。

对措施优先度高的失效链需要采取优化改进措施，否则需要写明措施足够的原因。对优先度为中的失效链应该采取优化改进措施，由组织自己定义在优先度为中时，是否需要写明措施足够的原因。对优先度低的失效链能够采取优化改进措施。

表5-30   PFMEA 措施优先度评价准则

影响	S	失效原因发生的预测	O	探测能力	D	措施优先级（AP）
非常高	9、10	非常高	8~10	低~非常低	7~10	高
				中	5、6	高
				高	2~4	高
				非常高	1	高
		高	6、7	低~非常低	7~10	高
				中	5、6	高
				高	2~4	高
				非常高	1	高
		中	4、5	低~非常低	7~10	高
				中	5、6	高
				高	2~4	高
				非常高	1	中
		低	2、3	低~非常低	7~10	高
				中	5、6	中
				高	2~4	低
				非常高	1	低
		非常低	1	非常高~非常低	1~10	低
高	7、8	非常高	8~10	低~非常低	7~10	高
				中	5、6	高
				高	2~4	高
				非常高	1	高
		高	6、7	低~非常低	7~10	高
				中	5、6	高
				高	2~4	高
				非常高	1	中

（续）

影响	S	失效原因发生的预测	O	探测能力	D	措施优先级（AP）
高	7、8	中	4、5	低~非常低	7~10	高
				中	5、6	中
				高	2~4	中
				非常高	1	中
		低	2、3	低~非常低	7~10	中
				中	5、6	中
				高	2~4	低
				非常高	1	低
		非常低	1	非常高~非常低	1~10	低
中	4~6	非常高	8~10	低~非常低	7~10	高
				中	5、6	高
				高	2~4	中
				非常高	1	中
		高	6、7	低~非常低	7~10	中
				中	5、6	中
				高	2~4	中
				非常高	1	低
		中	4、5	低~非常低	7~10	中
				中	5、6	低
				高	2~4	低
				非常高	1	低
		低	2、3	低~非常低	7~10	低
				中	5、6	低
				高	2~4	低
				非常高	1	低
		非常低	1	非常高~非常低	1~10	低
低	2、3	非常高	8~10	低~非常低	7~10	中
				中	5、6	中
				高	2~4	低
				非常高	1	低

（续）

影响	S	失效原因发生的预测	O	探测能力	D	措施优先级（AP）
低	2、3	高	6、7	低~非常低	7~10	低
				中	5、6	低
				高	2~4	低
				非常高	1	低
		中	4、5	低~非常低	7~10	低
				中	5、6	低
				高	2~4	低
				非常高	1	低
		低	2、3	低~非常低	7~10	低
				中	5、6	低
				高	2~4	低
				非常高	1	低
		非常低	1	非常高~非常低	1~10	低
非常低	1	非常低~非常高	1~10	非常高~非常低	1~10	低

5.5.7　识别特殊特性

除了严重度、发生度、探测度和综合指标外，特殊特性也可以影响措施的优先程度。特殊特性是那些一旦失效便会导致安全、法律法规或者功能影响的特性，需要特殊管控。特殊特性需在图样、PFMEA、控制计划、作业指导书中标识。之所以需要标识这些特殊特性，就是为了让大家关注这些特性，在过程中对它们进行特殊管控。因此，如果存在特殊特性，但却没在 PFMEA 中进行标识，那将是比较严重的问题。

特殊特性可能来源于顾客，也可能来源于组织根据内部流程的定义。来源于顾客的特殊特性可以使用顾客定义的符号或文字标识，也可能采用组织自己定义的符号或文字，如果是后者，需要建立转化表以表明顾客和组织特殊特性符号的转化关系。

PFMEA 表格中特殊特性那一列用来标识特殊特性，特殊特性一般标识在对应的失效链后面，以表明这条失效链会影响特殊特性，需要特殊管控。这为定义失效链的当前措施或者优化改进措施提供了重要的输入。

5.5.8　制订控制计划

PFMEA 识别了应对过程风险的预防和探测措施，对当前的检测类措施来说，PFMEA 虽然解决了做什么的问题，但并没有明确如何去做。如果没有文件对这些措施进行统一安排，那么这些措施将分散在各处，并且模糊不清，很难保证它们全部落实到位，其结果就是实际的风险控制将达不到预期效果，这将导致问题的发生。

为了把检测类措施正确落实到位，需要对这些措施进行计划，这就涉及测试项目、接受准则、测试工具以及样本大小、反应计划等问题。因此，需要制订控制计划，把所有检测类措施从 PFMEA 转移到控制计划中并详细规划。控制计划的主要内容见表 5 - 31。

表 5 - 31　控制计划的主要内容

过程编号	过程名称	制造机器工装夹具	产品特性	过程特性	特殊特性	规格公差	评价测量技术	样本大小	频次	控制方法	反应计划

其中，过程编号是赋予所研究过程的编号，一般按照过程的顺序从小到大排列。在不同文件（比如过程流程图、PFMEA、控制计划）中，相同过程的编码应该是一致的，以便于相互参照和追溯。

过程名称是所研究过程的称号，过程名称概括了过程的主要内容。在不同文件（比如过程流程图、PFMEA、控制计划）中，相同过程的名称应该是一致的，以便于相互参照和追溯。

制造机器、工装夹具是实现该过程的机器和工装夹具。列出制造机器和工装夹具的目的是标准化该过程的使用资源、识别需要控制的过程特性。

产品特性是指在图样或其他工程信息里描述的零部件或产品的特征或属性。产品特性将来会交给顾客，所有需要监视、检查、测试的产品特性需要放进控制计划中详细定义控制方法。

过程特性指的是过程变量，它们与产品特性一般存在因果关系。过程特性不会随着产品往下游流动，而是只会在本过程存在。不同于产品特性，过程特性只能在发生时被测量到。

产品特性或过程特性是控制计划中控制的对象，产品特性往往对应于 PFMEA 中的失效模式，而过程特性对应于 PFMEA 中的失效原因。如果不控制过程特性，那么产品特性发生不符合问题时才能被发现，生产可能造成浪费；不控制产品特性，产品就缺少确认，对顾客存在一定风险。在控制计划表格中，每个产品特性和过程特性的控制应该分行单独计划，因为它们的标准和控制方法可能存在不同之处。

规格公差表示前述产品或过程特性的接受标准，它可以来源于多个工程文件，比如图样、产品或工艺标准。

评价测量技术识别了监视和测量前述产品特性或过程特性的测量资源，它可能包含人工、量具、传感器、测量设备等，识别评价测量技术的意义在于明确测量资源以及进行测量系统分析。

样本大小和频次定义了监视和测量前述产品特性或过程特性的样本大小以及时机。样本大小和频次的定义可以基于统计学以及风险的思维进行。

控制方法简要描述了如何对该操作进行控制，程序、记录、统计过程控制，以及检查、防错、抽样计划等都属于控制方法。

反应计划规定了避免生产不合格产品、防止操作失控而采取的纠正措施。一般包括停止生产、标识、隔离、处置可疑或不合格产品，以及通知领班、线长等。

PFMEA 和控制计划之间常见的问题是两者不匹配，比如，PFMEA 中的检查或测试项目没有在控制计划中得到反映和安排，这将导致这些措施可能没有得到系统地执行和追踪。或者，控制计划中的测试项目没有在 PFMEA 中体现，没有把该项测试纳入风险的考虑中，其存在的意义因此受到怀疑。

5.5.9　制订执行文件

在 PFMEA 中，已经识别了过程的风险，并且采取了预防和探测措施，这些措施将保证过程的正确性。作业指导书、检查指导书、维护保养等过程执行文件是过程设计的输出，是 PFMEA 保证过程正确之后的成果反映。因此，PFMEA 是制作过程执行文件的输入，而过程执行文件是 PFMEA 结果的输出。需要根据 PFMEA 的结果制订过程执行文件，同时过程执行文件也需要制订得清晰明确，以免使用者产生误解，影响过程的执行。

PFMEA 和过程执行文件之间常见的问题是两者不匹配，比如，PFMEA 定义的一种控制在过程执行文件中并不存在，这将导致实际的风险仍然没有得到降低。再比如，过程执行文件中的某个过程，PFMEA 并未对此做过研究，这将导致这个过程存在较大的不确定性，也没有相应的应对措施。PFMEA 和过程执行文件应该是过程设计的和谐统一体，这两项工作都是过程设计者同等重要的任务。

为了保证 PFMEA 与过程执行文件之间的匹配，不仅需要根据 PFMEA 的结果制订过程执行文件，当过程执行文件需要变更前，也需要先运用 PFMEA 研究风险并制订预防和探测措施。此外，PFMEA 和过程执行文件之间的匹配检查应该成为验证 PFMEA 的重点之一。

5.5.10　PFMEA 风险分析案例

PFMEA 风险分析可以分为以下两个步骤：1）识别当前预防失效原因的预防措施，识别当前探测失效原因或/和失效模式的探测措施，直到能百分之百探测和控制失效或者已经没有探测措施为止；2）考虑当前措施的效果和失效的实际情况，根据评价准则，评估失效的严重度、发生度、探测度，计算综合指标，标识特殊特性。

失效分析完毕之后，团队对电子控制单元的生产进行了风险分析。他们识别了应对每条失效链当前的预防和探测措施，然后根据评价准则评价它们的风险大小。其中，失效模式对内外部生产影响的严重度基于问题的性质进行评价，而失效模式对产品或最终用户的严重度评价则来源于电子控制单元的 DFMEA。DFMEA 根据 ECU 在车辆上的功能评价严重度，相同的失效在不同层次或不同类型的 FMEA 中，其严重度应该具有一致性。

对"作业员把印制电路板放到载具上，但印制电路板没有接触载具底部"造成"印制电路板没有卡扣上"，再导致"最终用户：在设计范围内，电子控制单元由于机械、电气、热应力或内外媒介而损坏"这条失效链，当前的预防措施是"作业指导书定义了载具的定位柱通过印制电路板的定位孔，再把印制电路板水平地放到载具底部"以应对人为的错误，团队认为该预防措施较好地预防了失效原因，但操作相对来说还是有点难度，因此，发生概率评价为低，发生度评价为 3。当前的探测措施是"当站目视检查印制电路板有没有卡扣上"，属于人的视觉在当站对失效模式的探测，该失效模式较容易探测到，因此，探测能力评价为中，探测度评价为 6。最终，基于各自的单项指标，措施优先度评价为中。

对"作业员用错了载具"造成"印制电路板没有卡扣上"再导致"最终用户：在设计范围内，电子控制单元由于机械、电气、热应力或内外媒介而损坏"这条失效链，当前的预防措施是"作业指导书定义了换型时根据夹具矩阵表使用载具"以应对人为的错误，团队认为虽然作业指导书告诉了员工应该使用的载具类型，但这是不容易记忆的，操作起来有难度，因此，发生概率评价为中，发生度评价为 4。当前的探测措施是"当站目视检查印制电路板有没有卡扣上"，属于人的视觉在当站对失效模式的探测，该失效模式较容易探测到，因此，探测能力评价为中，探测度评价为 6。最终，基于各自的单项指标，措施优先度评价为高。

对"由于空气压力太小，压棒不能把盖体压到预设的停止位置"造成"印制电路板没有卡扣上"，再导致"最终用户：在设计范围内，电子控制单元由于机械、电气、热应力或内外媒介而损坏"这条失效链，当前的预防措施是"维护保养定义了周期性检查和控制空气压力"，团队认为该预防措施较好地预防了机器的错误，空气压力太小的概率非常低，因此，发生度评价为 2。当前的探测措施是"当站目视检查印制电路板有没有卡扣上"，属于人的视觉在当站对失效模式的探测，该失效模式较容易探测到，因此，探测能力评价为中，探测度评价为 6。最终，基于各自的单项指标，措施优先度评价为中。

对"由于压棒弯曲，压棒不能把盖体压到预设的停止位置"造成"印制电路板没有卡扣上"，再导致"最终用户：在设计范围内，电子控制单元由于机械、电气、热应力或内外媒介而损坏"这条失效链，当前的预防措施是"维护保养定义了周期性检查压棒状态"，团队认为该预防措施较好地预防了机器的错误，压棒弯曲的概率非常低，因此发生度评价为2。当前的探测措施是"当站目视检查印制电路板有没有卡扣上"，属于人的视觉在当站对失效模式的探测，该失效模式较容易探测到，因此，探测能力评价为中，探测度评价为6。最终，基于各自的单项指标，措施优先度评价为中。

　　风险分析结果见表 5-32，从中可以看出，这些失效链有一条措施优先度为高，其他的都为中，因此急切需要优化改进措施来降低风险。

表 5-32　PFMEA 风险分析案例

失效影响	失效模式	失效原因	预防措施	探测措施	S	O	D	AP	特殊特性
你的工厂：挑选产品并报废不良产品	[印制电路板和盖体组装] 印制电路板没有卡扣上	[作业员] 作业员把印制电路板放到载具上，但印制电路板没有接触载具底部	作业指导书定义了载具的定位柱通过印制电路板的定位孔，再把印制电路板水平地放到载具底部	当站目视检查印制电路板有没有卡扣上	10	3	6	中	
发运至工厂：挑选产品使用，不会停线		[作业员] 作业员用错了载具	作业指导书定义了换型时根据夹具矩阵表使用载具	当站目视检查印制电路板有没有卡扣上	10	4	6	高	
最终用户：在设计范围内，电子控制单元由于机械、电气、热应力或内外媒介而损坏		[盖体组装设备] 由于空气压力太小，压棒不能把盖体压到预设的停止位置	维护保养定义了周期性检查和控制空气压力	当站目视检查印制电路板有没有卡扣上	10	2	6	中	
		[盖体组装设备] 由于压棒弯曲，压棒不能把盖体压到预设的停止位置	维护保养定义了周期性检查压棒状态	当站目视检查印制电路板有没有卡扣上	10	2	6	中	

5.6 优化改进

经过风险分析后，如果风险的大小不可接受，则需要定义优化改进措施降低过程的风险。优化改进即对过程进行改进，降低过程风险，因此是 FMEA 中最有价值的步骤。但这并不意味着其他步骤没有价值，实际上，其他步骤是创造价值的基础。

在优化改进步骤中需要仔细审视所分析的失效链以及当前的措施，然后基于风险的三个单项指标和综合指标，努力地思考改进的机会，策划、执行、评估进一步的预防和/或探测措施来降低风险，优化改进运行的过程。

优化改进过程用到的最重要的工具是 PDCA 循环（策划—执行—检查—处理）。在 PDCA 循环中，需要定义优化改进措施，指定责任人和目标完成时间，然后执行和追踪这些优化改进措施，措施完成后再评估措施的有效性。如果措施没达到预期的效果，则需要重复此优化改进过程，直到风险可以接受为止。每经过一个 PDCA 循环，过程就改进一次，不断地转动 PDCA 循环，过程就处在持续的改进之中。于是，风险不断降低，顾客更加满意。

5.6.1 策划改进

为了达到投入小收益大的效果，对优化改进的先后顺序有一定要求。在面对若干条失效链时，首先应该关注那些高的严重度，其次是高的发生度，接下来是高的探测度的失效链。当任一指标不满足期望时，需要检查是否可以策划优化改进措施。

对于严重度为 9 或者 10 的失效，由于这类失效影响到法律法规或者人身安全，危害程度非常高，所以应该最先受到关注，需要检查是否有措施降低严重度。相对于降低其他指标，降低严重度更困难些，一般改变产品或过程的设计才能降低失效的严重度，比如，可以通过改变设计的实现方案、增加失效-安全功能、增加系统的监视和响应来降低严重度。

对于严重度为 8 或者 8 以下的失效，需要优先考虑降低较高的发生度，然后再降低较差的探测度。发生度较高意味着不良品偏多，这些偏多的不良品会产生额外的生产成本并增加问题产品流出的风险，降低发生度可以降低这些成本和顾客抱怨的风险。而需要用到探测时，不良品可能已经发生，成本以及对顾客的威胁已经铸成。所以，相对于探测，预防更节省成本，并且相对购买测试工具或设备作为探测措施而言，预防措施需要的花费一般更低。制订清楚且易懂的操作说明书，维护机器或工装夹具以保持它们的良好状态、在工装夹具上增加一些简单的特征，就可以降低失效的发生概率。

对较差的探测度，也需要考虑改善的机会，虽然探测时错误已经铸成，但可以减少失效进一步蔓延的概率。探测出过程的失效可以减少半成品发生问题的机会，发现半成品的失效可以减少成品发生问题的机会，而探测产品的失效，可以减少失效产品流出的机会。增加测试项目、选用更可靠的测试方法往往可以改善探测度。此外，探测还有一个关注点，即探测的及时性。探测时间较晚，反应就会较晚，如果在失效源头和探测点之间存在较长距离或较多产品，那失效产品的数量就会较多，影响范围就较大，失效成本更高。所以，在评估探测的效果之后，还要检查探测的及时性如何、是否需要更早的探测。

基于三个单项指标检查优化改进措施的需求之后，还要检查综合指标，如果综合指标显示风险优先度或者措施优先度仍然较高，则需要继续策划优化改进的措施，一直到风险无论从单项指标，还是从综合指标都可接受为止。如果策划的结果是没有可靠的措施降低高风险，那么取决于顾客和组织的要求，可能需要证明和记录措施足够的理由。

策划优化改进措施之后，要对优化改进措施执行之后的效果有预期的估计，也就是评价新的严重度、发生度和探测度。这些预期不仅提供是否需要继续策划优化改进的信息，而且给优化改进措施的执行提供目标，为措施效果的检查验证提供基准。

优化改进措施的选择不仅要关注效果和及时性，而且财务、时间、策略和副作用也是需要考虑的因素。如果采用某项措施的成本花费远大于由它减少的失效成本，那么很多人可能并不会选择该项措施；相对于需要花费很长时间才能导入的措施，很多人更倾向于选择短时间就可以见效的措施，否则，在这么长时间之内，很可能由于一直没有有效的风险管理而发生问题，除非安排了临时措施；虽然财务和时间是重要的考虑因素，但如果项目的策略是严防一切风险，而不太在乎成本或时间，那措施的选择范围就更大了；此外，优化改进措施是否还会带来其他问题，肯定也是需要关注的。

值得注意的是，如果优化改进措施是更新过程设计，并且这已经影响到了之前 PFMEA 的分析内容，那就不能仅仅把这些措施作为优化改进措施，而是还要对其影响到的 PFMEA 内容也做相应更新，因为之前的分析内容已经不适用于最新情况了。

策划优化改进措施之后，为了保证这些措施按要求并及时地执行到位，需要为每个措施定义唯一的责任人。责任人的定义必须清楚和具体，要写出他的姓名，而不是代替以部门或者职位名称。否则，将会没有人关注这些措施，也没有人执行这些措施，将来发生问题时也没有人对这些措施负责。

为了提高优化改进措施被执行并且正确执行的机会，需要和措施责任人一起定义这些措施。这样措施责任人就有了主人翁意识，知道这些措施的意义和要求，于是更有理性和意愿去执行这些措施。把措施分配给不在场的人，虽然定义起来容易而迅速，没有人前来阻挠，但将来的执行就困难重重了。一厢情愿、自说自话地定义优化改进措施，后来才发现根本没有人去执行，这简直是在浪费时间，容忍高风险一直"逍遥法外"。

定义了优化改进措施和预期结果，指定了措施责任人之后，接下来就要为这些措施定义合理的目标完成时间。需要注意的是，这个时间是措施执行后并且评估完效果的时间。措施执行后都要经过评估以确认是否达到预期的效果，如果措施达不到效果，就需要找出原因解决问题或者更新计划，只有措施有效了，风险才能真正得到降低。

如果优化改进措施定义的完成时间太晚，那这些风险就没有得到及时降低，在这么长的时间里，风险可能演变成实实在在的问题；而如果定义的完成时间太早，那可能不能按时完成这些措施，需要不断地修改目标时间，这是无意义的行为。一般来说，过程的优化改进措施需要在生产件批准/生产过程和产品批准（PPAP/PPA）之前完成，其目的是减少过程在正式运行时的风险。

5.6.2　实施改进

策划完优化改进措施之后，PFMEA 工作分成两部分，一部分是进入结果文件化步骤，形成 PFMEA 文件并向相关方汇报；另一部分是执行和追踪优化改进措施。

策划完优化改进措施之后，接下来就要在现实世界中执行这些措施。由于优化改进措施针对的不是已经发生的问题，因此，措施责任人可能虚假地认为这些措施的执行并不急迫，而且这些措施是由团队计划而不是上级安排的任务，这也似乎让措施责任人缺少行动的动力。因此，在执行改进阶段最容易发生的问题就是拖延。

拖延的直接结果就是不能按时完成优化改进措施。于是，高风险不能按时得到降低，过程就一直在高风险下运行，长此以往，风险就可能演变成实实在在的问题，导致失效成本增加、顾客投诉到来，甚至造成更加严重的后果。因此，没有合理理由的拖延者真应该为将来的损失承担责任！

拖延者可能给出看似合理的理由：每天太忙，根本没有时间实施优化改进措施。其实看看他们的工作内容，你会发现，他们每天做的很多工作都是解决问题，那这些问题是怎么而来呢？其实，大部分问题都是当初没有做好预防措施造成的。同样地，今天没有做好风险预防，明天还要解决更多的问题。拖延者虚假地认为自己的忙碌颇有成就，其实，这种成就是让组织在将来承受更多的问题、各种损失、说不定哪天忽然来临的法律责任。所以，按时执行优化改进措施绝对是非常重要的工作，绝对不可忽视！顾客和审核员深知按时完成优化改进措施的重要性，检查此项内容一直是他们的关注重点之一。

无论执行人是自己，还是供应商，都要明确优化改进措施的目标完成时间以及这些措施希望达到的效果。越是重要和复杂的措施越要趁早执行，趁早执行才能为实际发生的问题留下足够的解决时间，这样才能在目标完成时间之内完成优化改进措施。同时，在执行措施之前还要设想一下可能出现的风险，比如会不会损坏机器工装夹具，会不会干预相关设置。提前做好预防和探测措施，争取一次就做到位并减少各种副作用。

5.6.3 检查改进

优化改进措施很多时候是针对高风险的，这些措施在实际中还没有实现，如果不能按时完成或者完成后的效果不如预期，那风险还是不能降低到期望的程度，过程仍然处在高风险之中，这就很容易演变成真正的问题。而检查的作用就在于促进优化改进措施按时有效地完成。

检查优化改进措施包括追踪措施执行以及验证措施效果这两项工作。追踪措施执行的目的是确保优化改进措施按时完成，而验证措施效果的目的是保证优化改进措施切实有效。这两项工作的目的都是及时降低风险。

措施的责任人当然自己就可以进行这两项工作，但自检的效果一般不会太好，除非他有坚强的意志力和执行力。所以，一般还需要其他人来追踪和验证优化改进措施，比如 FMEA 负责人（例如项目经理）定期或不定期地追踪优化改进措施的执行情况，当它们完成时，确认这些措施的效果。

追踪措施执行并不是说等到了目标完成时间，询问一下措施责任人措施的执行情况。因为如果这个时候才追踪，那么优化改进措施有很大概率没有完成，甚至还没开始执行，而这时候已经到了目标完成的时间，只能接受优化改进措施延迟这样的现实，因此只能继续面对失效的高风险。

因此，一次追踪很显然还不够，如果在目标完成时间之前再追踪一次，那效果肯定比覆水难收要好得多。但是由于这时候时间已经过半，对于比较复杂的措施，剩下来的时间可能不能保证措施的完成。所以，较为理想的做法是，除了以上追踪之外，再追加一次追踪。于是，把措施计划完成时间分为三段，第一次追踪如果发现措施还没开始，还是很有机会使措施按时完成；第二次追踪的目的是调整执行进度；第三次追踪也许只是检查一下措施的成功证据，如此，优化改进措施基本都能按时完成，风险能及时得到降低。

需要注意的是，追踪措施执行并不是冷漠地向措施责任人询问一下进展。有些时候，措施没有进展的原因是在执行过程中遇到了困难，如果这个时候执行团队没有得到帮助，很可能措施的执行一直会停滞不前。其实，大家都身处同一条船，保证过程的成功是大家共同的责任。所以，如果追踪后发现措施执行得不理想，可以询问其中的原因，了解执行中的困难，群策群力，团队一起解决问题。

在追踪措施的过程中，如果发现措施责任人一而再地延迟时间，本着对顾客和组织负责的精神，可能需要启动升级程序，告知管理层措施一再被拖延，风险有转化为现实问题的可能。如果调查发现大家确实都很尽力，那么经过相关方同意，可以定义新的目标完成时间，然后继续执行改进措施并追踪。

　　优化改进措施完成后，还需要验证措施的有效性，以真正达到风险降低的效果。PFMEA 措施的验证一般是检查过程是否已经有效导入了策划的预防或探测措施，因此，验证措施效果可以通过审查文件和记录、观察预防和探测装置、检查措施执行效果来进行。通过这些工作，把得到的结果和目标要求进行对比，就可以得到措施是否成功导入的结论。

5.6.4　处置结果

　　如果优化改进措施经过验证达到了预期效果，则需要留存措施有效的证据，这一方面是为了证明措施确实已经有效地完成，另一方面是为了将来的追溯。如果发现优化改进措施并没有达到预期效果，那就要解决这个问题，需要分析措施达不到效果的原因，针对原因采取纠正措施。如果经过努力最终还是达不到预期效果，或者虽然达到了效果还想进一步降低风险，那就要启动新一轮的 PDCA 循环，直到风险达到新的预期为止。

　　如果在措施的执行或验证过程中，确实发现过程存在问题，比如按计划做了一项测试，但过程没能通过这一测试，这时不能因此而自豪地觉得探测措施效果非常好，可以关闭此项措施了。事实上，一次执行或验证就发现过程的问题，这证明过程确实存在问题。因此，此时不应该着急关闭措施，而是要去解决过程现实存在的问题，并重新策划预防和探测措施，然后继续执行，继续检查和处理。

　　对优化改进措施，检查和处置的结果需要在下一步骤向管理层汇报，其作用是增强措施的执行和处置的动力，保证风险真正得到降低。

5.6.5　验证 PFMEA

　　不仅需要验证优化改进措施，还需要策划对当前措施的验证活动。就当前措施而言，如果它们在 FMEA 中被描述得天花乱坠，但实际上并没有执行或者并没有预期那样有效，那么实际风险就不会像策划的那样得到降低，风险管理就失去了应有的作用。于是，产品的不良率可能升高，顾客可能抱怨。所以，在 PFMEA 的任一过程分析之后，重要的一步就是检查当前措施究竟有没有被执行，如果执行了，效果是否符合预期。

　　由于验证活动需要不同工程师的参与，为了保证效果和效率，需要提前策划检查的内容、检查方法、日程表、参与人员、所需要的资料或资源。同时，也需要避免验证活动对产品和过程可能的不良影响，比如，需要避免伤害人员、损坏产品或设备，避免不良品、试验品或混料的产品流出。

　　在验证当前措施的活动中，需要检查这些措施究竟有没有被正确执行，如果确实正确执行了，那还需要检查效果是否达到预期。检查时，将 PFMEA、控制计划、执行文件以及实际的过程相互对比，检查它们之间信息的一致性，从而保证 PFMEA 中的措施在文件中得到了正确执行，在实际中真实地存在这样的控制措施，并且执行的效果也达到了预期。检查效果时，可以采用测量系统分析、失效模拟验证等方法。其中，失效模拟验证是故意模拟出失效，然后检查过程对它的控制效果，这种方法特别适用在防错类措施的验证上。

过程工程师可能会对措施的验证有些抗拒，他们也许会认为这是对他们工作的不信任。其实，每个人都可能出现记忆或意识偏差，大家以为的事实可能并不真是那样，鉴于人人都可能犯这样的错误以及问题出现后的种种严重后果，还是需要验证措施以保证它们在实际中确实按预期效果起了作用。为了消除这种抗拒、更好地发挥团队的力量，需要在验证前告诉他们，验证措施的目的不在于寻找是谁的错误，而在于优化过程，让过程产生更少的错误，减少将来的不良和顾客抱怨。大家需要保持开放的心态，勇于让问题暴露出来，把问题消除在萌芽状态。正因为如此，PFMEA 的验证放在了优化改进这一步。

如果当前措施验证的结果是没有执行或者没有达到预期效果，那就需要记录这些发现，然后定义纠正措施、责任人和计划完成时间，以弥补这些差距。接下来需要继续追踪它们的执行，并在执行完成后再次验证效果。

对 PFMEA 的验证结果以及采取的措施需要在下一步骤向管理层汇报，其作用是增强PFMEA 验证和处置的动力，保证风险真正得到降低。

5.6.6 PFMEA 优化改进案例

PFMEA 的优化改进可以分为以下五个步骤：1）策划优化改进的预防和/或探测措施、目标风险状态，指定措施责任人和目标完成时间；2）执行和追踪未完成措施；3）评估完成的措施的效果；4）处置结果以及持续改进；5）验证 PFMEA。

风险分析完毕之后，团队对电子控制单元的生产进行了优化改进。他们针对每条失效链检查是否可以采取优化改进措施，特别是那些具有高单项指标和高措施优先度的失效链。

对"作业员把印制电路板放到载具上，但印制电路板没有接触载具底部"造成"印制电路板没有卡扣上"，再导致"最终用户：在设计范围内，电子控制单元由于机械、电气、热应力或内外媒介而损坏"这条失效链，当前的预防措施是"作业指导书定义了载具的定位柱通过印制电路板的定位孔，再把印制电路板水平地放到载具底部"以应对人为的错误，虽然团队认为该预防措施的操作相对来说还是有点难度，但暂时没有策划进一步的优化改进措施。当前的探测措施是"当站目视检查印制电路板有没有卡扣上"，属于人的视觉在当站对失效模式的探测，团队策划的优化改进措施是"当站自动光学检查印制电路板有没有卡扣上"，属于自动设备在当站对失效模式的探测，探测能力评价为高，探测度评价为 3。经过优化改进，探测度从 6 降为 3，措施优先度评价从中降为低。之后，团队为此优化改进措施定义了责任人以及目标完成日期。

对"作业员用错了载具"造成"印制电路板没有卡扣上"再导致"最终用户：在设计范围内，电子控制单元由于机械、电气、热应力或内外媒介而损坏"这条失效链，当前的预防措施是"作业指导书定义了换型时根据夹具矩阵表使用载具"以应对人为的错误，团队认为虽然作业指导书告诉了员工应该使用的载具类型，但这是不容易记忆的，操作起来有难度，团队策划的优化改进措施是"夹具设计：错误型号的载具其定位柱放不进印制电路板的定位孔中"，此措施属于防错设计，预防极其有效，发生概率评价为极低，发生度评价为 1。当前的探测措施是"当站目视检查印制电路板有没有卡扣上"，属于人的视觉在当站对失效模式的探测，团队策划的优化改进措施是"当站自动光学检查印制电路板有没有卡扣上"，属于自动设备在当站对失效模式的探测，探测能力评价为高，探测度评价为 3。经过优化改进，发生度从 4 降为 1，探测度从 6 降为 3，措施优先度 AP 评价从高降为低。之后，团队为此优化改进措施定义了责任人以及目标完成日期。

对"由于空气压力太小，压棒不能把盖体压到预设的停止位置"造成"印制电路板没有卡扣上"，再导致"最终用户：在设计范围内，电子控制单元由于机械、电气、热应力或内外媒介而损坏"这条失效链，当前的预防措施是"维护保养定义了周期性检查和控制空气压力"，团队认为该预防措施较好地预防了机器的错误，暂时没有策划进一步的优化改进措施。当前的探测措施是"当站目视检查印制电路板有没有卡扣上"，属于人的视觉在当站对失效模式的探测，团队策划的优化改进措施是"当站自动光学检查印制电路板有没有卡扣上"，属于自动设备在当站对失效模式的探测，探测能力评价为高，探测度评价为 3。经过优化改进，探测度从 6 降为 3，措施优先度评价从中降为低。之后，团队为此优化改进措施定义了责任人以及目标完成日期。

对"由于压棒弯曲，压棒不能把盖体压到预设的停止位置"造成"印制电路板没有卡扣上"，再导致"最终用户：在设计范围内，电子控制单元由于机械、电气、热应力或内外媒介而损坏"这条失效链，当前的预防措施是"维护保养定义了周期性检查压棒状态"，团队认为该预防措施较好地预防了机器的错误，暂时没有策划进一步的优化改进措施。当前的探测措施是"当站目视检查印制电路板有没有卡扣上"，属于人的视觉在当站对失效模式的探测，团队策划的优化改进措施是"当站自动光学检查印制电路板有没有卡扣上"，属于自动设备在当站对失效模式的探测，探测能力评价为高，探测度评价为 3。经过优化改进，探测度从 6 降为 3，措施优先度评价从中降为低。之后，团队为此优化改进措施定义了责任人以及目标完成日期。

优化改进的结果见表 5-33，从中可以看出，经过优化改进，这些失效链的单项指标得到了降低，措施优先度为高的都降低为低，过程的风险将会得到降低，产品的生产将会得到改善。

表 5－33 PFMEA 优化改进案例

优化预防	优化探测	责任人	目标完成日期	状态	采取的措施及证据	完成日期	S	O	D	AP
无	当站自动光学检查印制电路板有没有卡扣上	×××	××××年××月××日	执行中			10	3	3	低
夹具设计：错误型号的载具其定位柱放不进印制电路板的定位孔中	当站自动光学检查印制电路板有没有卡扣上	×××	××××年××月××日	执行中			10	1	3	低
无	当站自动光学检查印制电路板有没有卡扣上	×××	××××年××月××日	执行中			10	2	3	低
无	当站自动光学检查印制电路板有没有卡扣上	×××	××××年××月××日	执行中			10	2	3	低

5.7 结果文件化

经过前面六个步骤，PFMEA 的技术分析几乎完成，但还需要一个管理步骤来收尾，这便是结果文件化（Results Documentation）。结果文件化并不是简单地把 PFMEA 形成文件再去获得批准，实际上，在最后一个步骤里，要把 PFMEA 形成文件，总结分析内容，并向相关方（比如管理层、顾客、供应商等）报告和沟通分析结果。其作用是在相关方面前展示 PFMEA 小组的工作成绩、获得相关方的支持和信任、推动过程的改进、共同管理存在的风险、暂时结束 PFMEA 过程。

传统的 PFMEA 方法忽略了这一步骤，虽然 PFMEA 形成了文件，但由于缺少内外部沟通，缺少管理层的参与，导致 PFMEA 小组得不到激励，失去了持续改进过程的动力；管理层也看不到 PFMEA 的作用，缺少对 PFMEA 的支持。由于没有相关方的共同努力，风险没有得到有效管理，直到问题发生才后悔莫及。所有这一切都说明，广义理解并执行结果文件化这一步骤的重要性。

在结果文件化这一步骤里，报告是重要的工具，报告带来的结果是获得关注、沟通信息、增加互信、推动改善，以及暂时结束 PFMEA 项目。

5.7.1　形成文件

一份完整的 PFMEA 文件包含封面、高风险内容、优化改进措施清单、PFMEA 正文、FMEA 措施的验证结果、评分标准等组成部分。在结果文件化这个步骤里，需要把这些组成部分整合在一起，形成一份文件。

封面是 FMEA 文件的总结，它可能包含产品名称、料号、新建或者变更 FMEA 的原因、分析的范围、高风险和优化改进措施的总结、变更记录、团队成员等。其中，产品和料号明确了此 FMEA 的适用范围；变更原因和变更记录有利于相关方管理变化带来的风险；分析范围便于相关方检查分析是否有遗漏；高风险和优化改进的总结在于引起相关方的关注；团队成员显示了 FMEA 是团队的努力结晶，提高相关方对 FMEA 的信心。

高风险内容列出了高风险的失效链以及它们当前的预防和探测措施、单个和综合风险指标、优化改进措施。其意义是让相关方了解当前设计或过程的主要风险、决定是否可以接受风险、是否需要导入其他措施、验证重要措施的执行情况。

优化改进措施清单有利于措施责任人知晓他们负责的措施，为执行提供参考，也有利于 FMEA 负责人追踪优化改进措施，及时关闭优化改进措施，降低设计或过程的风险。优化改进措施清单还有助于管理层批准优化改进措施的实施，同时也给顾客增加了信心。

FMEA 正文是 FMEA 的主体部分，包含了结构分析直到优化改进的所有内容，定义和标准化了设计和过程的控制系统，为其他计划文件、执行文件和实际执行提供了方向或规定。高风险内容不能替代包括所有风险的 FMEA 正文。

FMEA 措施的验证结果记录了 FMEA 和其他文件以及实际有差异的内容。其具体内容包括：FMEA 是如何规定的、实际情况如何、两者的差距是什么、采取什么措施关闭这些差距、措施责任人是谁、计划什么时候完成这些措施。通过 FMEA 的验证，FMEA 定义的措施才能真正落到实处，从而在实际中降低风险。

FMEA 起作用的一个重要因素是始终如一地正确使用风险评价准则。在策划和准备阶段就要明确所使用的评价准则，并在 FMEA 过程中自始至终地使用它。在结果文件化的过程中，把所使用的评价准则在 FMEA 封面中注明或者直接作为 FMEA 的附件，这有利于保持 FMEA 文件中风险相对高低的正确性，提高 FMEA 的权威，消除相关方的困惑。

5.7.2　报告结果

制作成文件并被管理层批准后，传统的 PFMEA 过程就结束了。成百上千页的 PFMEA 纸本档或电子档文件被发送到管理层面前，管理层在办公室孤独地看看封面，看看每个附件，再看看正文。由于缺少背景信息并面对一大堆抽象的文字，管理层不一定能抓住此

PFMEA 的重点，因此风险管理的效果非常不好。

当管理层有疑问时，他不得不发送邮件给此 PFMEA 的负责人。当负责人看到邮件，再针对管理层的疑问询问相关过程工程师。等有了答案之后，负责人再回复管理层邮件。如果管理层还有其他问题，这个冗长的疑问解答过程还要接着上演。风险管理的效率非常低下。

如此看来，传统的方法很难让管理层真正地管理风险，而管理层又必须在风险管理中起到更大的作用，为了解决这对矛盾，必须打破传统的方法！

FMEA 形成文件后，需要及时将分析结果报告出来，其中最重要的就是向管理层汇报，如果顾客要求，还需要向顾客汇报。向管理层汇报可以安排在 PFMEA 批准之前进行，这样就可以把分析结果告诉他们并把他们的意见纳入 PFMEA 成果，从而发挥他们在风险管理中的重大作用。

向管理层的汇报可以安排在该产品的生产现场进行。在现场可以让管理层直接面对过程工程师以及所讨论的对象，让他们可以直观地理解风险内容，和工程师们直接讨论他们的关注点，直接下达优化改进的决定。这种方式打破了管理层和工程师以及所讨论对象之间的层层阻隔，当然可以让管理更有效果和效率。所以，一个 PFMEA 能否得到批准其实在现场就已经决定了，接下来在办公室写几个字或者点个批准按钮，只是形式上的批准罢了。

PFMEA 汇报的议程可能是 PFMEA 负责人先介绍这次汇报的议程安排，接下来可以介绍项目、产品和过程的总体情况，然后由相应的工程师介绍 PFMEA 里面高风险内容、变化点、优化改进措施、措施验证结果等内容。

管理层在听取了工程师的报告之后，可以随机检查所介绍的措施是否真的已经执行并且有效。比如，看看某个检查项目以及检查出不良之后的处理过程是否真的已经定义。接下来，管理层可以针对措施是否足够与工程师展开沟通，决定是否需要其他的优化改进措施。最后，管理层如果有其他问题也可以提出。在整个过程中，管理层的意见、指示和发现，以及不能在现场澄清的疑问都应该记录下来，这些记录接下来将生成待完成措施给予执行和追踪。

向顾客的汇报一般在会议室进行，并且需要按照他们的要求回答问题。如果顾客没有特别的要求，也可以参考向管理层汇报的内容向他们介绍 FMEA，只是汇报者通常是 FMEA 负责人，一般在问题回答不了时，才询问相应的工程师。对顾客经常提出的问题，可以事先准备和总结成演示文件。这样，当顾客有此疑问时，就可以自信地打开演示文件向他们做专业的介绍。很多时候，顾客对什么时候更新 PFMEA、PFMEA 的评价准则、需要优化改进措施的时机、优化改进措施是否被追踪并按时完成等问题比较感兴趣，可以根据实际情况做好准备。

5.7.3 PFMEA 结果文件化案例

PFMEA 的结果文件化可以分为以下三个步骤：1）形成 PFMEA 文件，总结 PFMEA 过程和结果；2）向管理层报告 PFMEA 结果并得到批准同意；3）需要时，向顾客以及其他相关方报告 PFMEA 情况。

PFMEA 正文已经通过前面的步骤完成了。接下来，主持人和团队把 PFMEA 工作和结果总结在了 PFMEA 封面中：本 PFMEA 分析的流程是刮水器 ECU123 的生产，分析范围包括割板、印制电路板和盖体组装、焊接、自动光学检查、功能测试以及包装过程，一共识别了 100 条失效链，其中，措施优先级高的有 15 条，措施优先级中的有 35 条，措施优先级低的有 50 条。为了应对这些风险，一共计划了 35 条优化改进措施。经过优化改进后，措施优先级高的有 0 条，措施优先级中的有 20 条，措施优先级低的有 80 条。制作完成的 PFMEA 封面见表 5-34。

表 5-34 PFMEA 封面案例

PFMEA 封面					
公司名称	×××汽车部件有限公司	FMEA 主题	刮水器电子控制单元的 PFMEA		
生产地点	×××	PFMEA 开始时间	××××年××月××日	PFMEA 编号和版本	P123456 V01
顾客名称	×××	PFMEA 更新时间	××××年××月××日	负责人	×××
产品和料号	刮水器 ECU123	跨职能团队	见 PFMEA 团队清单附件	保密等级	保密

FMEA 范围：
本 PFMEA 包含了割板、印制电路板和盖体组装、焊接、自动光学检查、功能测试以及包装过程的分析。

风险状况：
本 PFMEA 识别了 100 条失效链，其中，措施优先级高的有 15 条，措施优先级中的有 35 条，措施优先级低的有 50 条。
经过优化改进后，措施优先级高的有 0 条，措施优先级中的有 20 条，措施优先级低的有 80 条。
详情见高风险内容清单和 PFMEA 正文。

优化改进措施：
本 PFMEA 计划了 35 条优化改进措施。详情见优化改进措施清单。

变更记录：
新建

附件：
高风险内容清单
优化改进措施清单
PFMEA 正文
评价准则
PFMEA 验证报告
PFMEA 团队清单

（续）

PFMEA 批准：

项目经理：×××   主持人：×××

研发负责人：×××   过程负责人：×××   质量负责人：×××

接下来主持人在团队的观察下，形成了如表5-35、表5-36的 PFMEA 正文，并从正文里截取了高措施优先级的内容、优化改进措施清单；此外，他们还准备了这份 PFMEA 采用的风险评价准则、FMEA 措施的验证结果以及团队成员的会议出席记录。

团队整合了准备好的封面、高措施优先级的内容、优化改进措施清单、PFMEA 正文、风险评价准则、PFMEA 措施的验证结果、团队成员的会议出席记录等组成部分，形成了一份完整的 PFMEA 文件。

虽然 PFMEA 已经形成文件，但在送批之前，项目经理还准备了向管理层汇报的工作，以便把管理层的意见纳入 PFMEA 成果，从而发挥他们在风险管理中的重大作用并获得 PFMEA 批准。

管理层的汇报安排在了生产该产品的生产线进行。项目经理把事先准备好的材料分发给大家，然后向大家介绍这次报告会议的议程安排：首先，项目经理介绍项目、产品和过程，以及 PFMEA 过程和结果；接下来由对应的过程工程师介绍措施优先级为高的风险内容和应对措施；最后，由项目经理介绍 PFMEA 的验证情况以及优化改进措施的情况。

在听取汇报的过程中，管理层了解到"作业员把印制电路板放到载具上，但印制电路板没有接触载具底部"的发生度还没降低到满意的程度，便询问过程工程师有什么优化改进措施。过程工程师认为可以导入机器人自动放置印制电路板到载具上，机器人的速度和稳定性非常好，一方面可以提高生产效率，另一方面可以降低印制电路板放置过程中的风险。

考虑导入机器人的收益和成本，管理层同意了过程工程师的建议，在量产之前导入机器人自动放置印制电路板到载具上。项目经理承诺接下来会更新 PFMEA，邀请团队预防和控制过程风险。

除此之外，管理层观察到 PFMEA 工作取得的巨大成果，通过 PFMEA，团队改善了过程，降低了过程风险，管理层对团队的 PFMEA 工作表示认可，并感谢大家的努力；希望团队继续执行和追踪未完成的优化改进措施，当 PFMEA 的更新时机出现时，及时更新 PFMEA，借助 PFMEA，实现产品的零缺陷！

表 5 - 35　PFMEA 正文案例（1）

产品或流程	过程	工作元素	产品或流程功能	过程功能和产品特性	工作元素功能和过程特性	失效影响	失效模式	失效原因
电子控制单元生产线	印制电路板和盖体组装	作业员	[电子控制单元生产线] 你的工厂：在生产线组装电子控制单元		[作业员] 换型时，作业员根据产品型号更换对应型号的载具	你的工厂：挑选产品并报废不良产品		[作业员] 作业员把印制电路板放到载具上，但印制电路板没有接触载具底部
			[电子控制单元生产线] 发运至工厂：安装电子控制单元到电动机上		[作业员] 作业员把印制电路板放到载具上，印制电路板上电容的方向朝向钢上	发运至工厂：挑选产品使用，不会停线		[作业员] 作业员用错载具
			[电子控制单元生产线] 最终用户：保护电子控制单元和电动机，在设计范围内，避免机械、电气、热应力和内外媒介的损害，参照 ××× 设计要求	[印制电路板组装] 按照图样 XYZ 的要求，用内卡扣把印制电路板和正确型号的盖体卡扣上	[作业员] 作业员把印制电路板放到载具上，定位柱通过印制电路板定位孔，并起动组装设备	最终用户：在设计范围内，电子控制单元由于机械、电气、热应力或内外媒介而损坏	[印制电路板组装] 印制电路板和盖体组装有卡扣上	[盖体组装设备] 由于空气压力大小，压棒不能把盖体压到预设的停止位置
		盖体组装设备			[盖体组装设备] 压棒压住盖体下移，直到到达预设的停止位置			[盖体组装设备] 由于压棒弯曲，压棒不能把盖体压到预设的停止位置

表 5-36　PFMEA 正文案例 (2)

预防措施	探测措施	S	O	D	AP	特殊特性	优化预防	优化探测	责任人	目标完成日期	状态	采取的措施及证据	完成日期	S	O	D	AP
作业指导书定义了载具的定位柱通过印制电路板的定位孔，再把印制电路板水平地放到载具底部	当站目视检查印制电路板有没有卡扣上	10	3	6	中		无	当站自动光学检查印制电路板有没有卡扣上	×××	××××年××月××日	执行中			10	3	3	低
作业指导书定义了换型时根据夹具矩阵表使用载具	当站目视检查印制电路板有没有卡扣上	10	4	6	高		夹具设计：错误型号的载具其定位柱放不进去印制电路板的定位孔中	当站自动光学检查印制电路板有没有卡扣上	×××	××××年××月××日	执行中			10	1	3	低
维护保养定义了周期性检查控制空气压力	当站目视检查印制电路板有没有卡扣上	10	2	6	中		无	当站自动光学检查印制电路板有没有卡扣上	×××	××××年××月××日	执行中			10	2	3	低
维护保养定义了周期性检查压棒状态	当站目视检查印制电路板有没有卡扣上	10	2	6	中		无	当站自动光学检查印制电路板有没有卡扣上	×××	××××年××月××日	执行中			10	2	3	低

第 6 章

更新 PFMEA

经过 PFMEA 七个步骤，创建 PFMEA 的任务已经完成了，但 PFMEA 过程并未就此结束，不应该将它束之高阁。其实，PFMEA 应该是活的文件，应该持续地通过它监视和控制过程的风险，而它也将持续地发挥作用：一方面，它将成为组织宝贵的知识库和学习资料，员工培训和成长或者问题分析和解决都可以运用它；另一方面，它将继续伴随着过程变化以及问题的解决而持续地更新，一直记录和指导着过程的执行。

PFMEA 的持续更新起源于不断发生的触发条件，也就是说，当过程出现新情况、发生变化，在执行它们之前以及解决了问题之后，都需要检查和更新 PFMEA。因为更新的内容和原来的内容纵横交错在一起，所以，相对于创建 PFMEA 来说，更新有时候更复杂。因此，有必要探讨 PFMEA 的更新方法。

更新 PFMEA 时，需要根据影响的范围选择七步法中的几步或者全部步骤。一般来说，策划和准备是必需的步骤，只是程度不一样甚至不一定需要书面化的结果。一般的方法是，当 PFMEA 中的结构、功能、失效、措施、风险、优化改进任一内容受到影响时，其对应的步骤以及其后的分析步骤通常也需要更新。

6.1 更新时机

6.1.1 出现新情况

过程出现的新情况可能触发 PFMEA 更新，因为这些新情况也需要实现和控制。出现的新情况包括新要求、新应用、新过程、新工作元素、新功能、新特性、新失效、新控制等。简单来说，PFMEA 可能涉及的所有元素都可能出现新情况。当这些新情况发生时，需要检查当前的 PFMEA 是否还能适应这些新情况，如果不能适应，就需要更新 PFMEA。

新要求主要指对产品或过程提出了新要求。如果出现了新要求，需要在 PFMEA 中分析新要求的实现途径、可能发生的失效、当前的预防以及探测措施、当前的风险状况以及优化改进措施，以保证这些新要求通过过程得到满足。

新应用指的是当前的过程需要处理一个新产品或者过程需要在一个新的环境、地点或新的条件下运行。如果出现了新应用，需要分析过程在新应用下可能的不足之处，接下来分析这些失效的风险，最后执行优化改进措施，以实现过程在新应用下的成功运行。

对流程中的新过程、新工作元素，需要确定它们在流程中处所的结构，进而分析它们的功能和失效，接下来分析这些失效的风险，最后执行优化改进措施，以实现新的过程和工作元素优化的目的。

对过程中的新功能、新特性，需要理解功能和特性的实现途径，进而分析它们的失效，接下来分析这些失效的风险，最后执行优化改进措施，以降低新功能和特性实现的风险。

对过程中的新失效，需要分析失效的因果关系，需要评价当前的风险，最后执行优化改进措施，以降低这些失效的风险。

新控制可能是新的预防措施，也可能是新的探测措施，对这些新控制需要分析当前的风险，以确定是否还要追加其他预防和控制。

6.1.2 发生变化

世界上唯一不会变化的就是变化本身，因此，在过程的整个生命周期中，难免会发生一些变化，这些变化要么是因为新的需求或者改善产品、过程而产生，要么是为了解决问题而产生。这些变化带来机遇的同时，也伴随着风险，如果不对变化进行控制，很可能在将来带来问题。

过程出现的变化可能触发 PFMEA 更新，因为这些变化也需要实现和控制。发生的变化包括要求、应用、过程、工作元素、功能、特性、失效、控制等的各种变化。简单来说，PFMEA 可能涉及的所有元素都可能出现变化。当这些变化发生了，需要检查当前的 PFMEA 是否还能适应这些变化，如果不能适应，就需要更新 PFMEA。

要求变化主要指对产品或过程提出了变化的要求。如果出现了变化的要求，需要在 PFMEA 中分析变化的要求实现的途径、可能发生的失效、当前的预防以及探测措施、当前的风险状况以及优化改进措施，以保证这些变化的要求通过过程得到满足。

应用变化指的是当前的过程需要在一个变化的环境、地点或变化的条件下运行。如果出现了变化的应用，需要分析过程在变化的应用下可能的不足之处，接下来分析这些失效的风险，最后执行优化改进措施，以实现过程在变化的应用下成功地运行。

对流程中变化的过程或工作元素，需要确定它们在流程中处所的结构，进而分析它们的功能和失效，接下来分析这些失效的风险，最后执行优化改进措施，以实现变化的过程和工作元素优化的目的。

对过程中变化的功能或特性，需要理解变化的功能和特性的实现途径，进而分析它们的失效，接下来分析这些失效的风险，最后执行优化改进措施，以降低变化的功能和特性实现的风险。

对过程中变化的失效，需要分析失效的因果关系，进而评价当前的风险，最后执行优化改进措施，以降低这些变化失效的风险。

控制的变化可能是预防措施发生变化，也可能是探测措施发生变化，对这些变化的控制需要分析风险，以确定是否还需要追加其他预防和控制。

6.1.3　问题解决

虽然一份精心制作的 PFMEA 和随之执行的预防和控制系统可以预防和控制住大多数潜在失效，但并不能预防或控制住所有的问题，有些问题还是可能发生。发生问题的原因可能是团队在 PFMEA 的过程中遗漏了结构元素、功能或者失效，错误分析了失效链，错误识别了措施，乐观评价了风险，没有或者错误执行了定义的措施，又或者分析和执行都没有遗漏或错误，只是风险按照评价的大小发生罢了。

PFMEA 可以帮助对过程问题进行分析，而问题的发生和解决也是对预防问题的反馈。通过对已发生问题的分析和解决，不仅可以优化改进过程，预防问题再发生，还可以改善当前的 PFMEA 方法，不断增强预防问题的能力。所以，PFMEA 及问题的解决工具，比如 8D，有互相促进的关系。

8D 是经过 8 个步骤解决问题的一种工具，其 8 个步骤分别是①组建团队、②问题描述、③临时措施（包括遏制措施）、④根本原因分析、⑤选择和验证纠正措施、⑥执行和确认纠正措施、⑦预防问题再发生、⑧结束问题解决过程。

当问题发生后，PFMEA 可以给 8D 提供帮助，告诉团队问题可能发生的原因是什么、哪个原因更有可能发生。这时候，只要根据问题发生后的迹象假设和验证实际发生的原因就可以了，这为 8D 的进行提供了方向。如果问题发生后的迹象和这些原因不符合，那可能表明实际发生的问题或原因在此 PFMEA 里并没有被识别，这时就需要 8D 帮助 PFMEA 了。当 8D 确定了问题的因果关系和预防、探测措施时，需要更新 PFMEA，以便把这些成果纳入到控制系统中完善当前的过程。

到了 8D 的第 7 步骤，需要更新 PFMEA、相关标准以及分享经验教训，以防止类似问题再次发生。更新 PFMEA 时，需要参考 8D 的第 2、4、6 等偶数步骤。D2 是问题描述，一般针对的是产品的问题，因此和 PFMEA 中的失效模式相对应，所以，可以通过 D2 确定失效模式是什么。D4 是根本原因分析，需要从问题为什么会发生、为什么没有探测出来这两方面，运用鱼骨图的思想和 5why 的方法分别讨论问题的根本原因，因此，D4 对应了 PFMEA 中的失效原因，可以通过 D4 查出失效原因是什么。D6 是执行和确认纠正措施，与 PFMEA 中的预防和探测措施对应，因此，在 PFMEA 定义失效的预防和探测措施时，需要从 D6 查出结果。

应该把问题的发生和解决看成是提高 PFMEA 过程的绝好机会。因此，需要分析为什么当初 PFMEA 没有预测出这个问题？为什么预防措施没有成功预防这个问题？为什么探测措施没有探测出这个问题？PFMEA 方法在哪里做得不足？下次如何改进？PFMEA 中措施的执行有什么不足？下次如何改进？接下来，需要把这次总结运用在下次的 PFMEA 中，如果将来又发生问题，需要继续通过对问题的分析、解决和反思不断优化改进 PFMEA 过程。

6.2 更新方法

6.2.1 确定范围

更新 PFMEA 的时机可能是出现新情况、发生变化或者解决了问题，不管是什么原因触发的 PFMEA 更新，首先要明确主题。明确主题的目的是形成接下来更新 PFMEA 的分析焦点。主题的描述需要将出现的新情况、发生的变化以及解决的问题具体化，而不应该将模糊的说明或主观认为的收益作为主题描述，比如，"机器人自动放置印制电路板代替手工放置印制电路板"就很好地反映了过程的变化，"问题解决：印制电路板没有卡扣上"就很清楚地描述了问题。而把"减少手工放置印制电路板的错误""优化过程"或者"解决问题"等作为主题是不合适的，因为这样模糊或主观的描述并不能明确新情况、变更点或者问题是什么。

接下来，需要根据主题的描述内容确定影响的范围，先确定清楚全部范围，再对每个部分深入分析；而不是每识别一个部分就立刻对这部分深入分析，这样的操作会导致分析没有全局观和连贯性，很容易发生遗漏。

如果是出现新情况或发生变化，首先需要确定出现新情况或发生变化的主体是什么，即，什么发生了新情况或变化；然后考虑此主体的归属，即，主体属于结构还是功能，属于失效还是风险或措施；接下来再在 PFMEA 定位这些相关内容，这些内容将会是更新 PFMEA 的范围。比如，针对"机器人自动放置印制电路板代替手工放置印制电路板"这个主题，变化的主体是"印制电路板和盖体组装"过程新引入的"机器人"与人员的操作，它们分别属于结构元素和功能，因此，需要在 PFMEA 找到"印制电路板和盖体组装"过程，并确定需要放置"机器人"的结构位置，确定需要修改的"人员"功能。

如果是解决了问题，则需要明确发生问题的过程以及问题所属的功能，如果发现 PFMEA 没有识别此失效模式，就加入此失效模式；如果存在此失效模式，那就要在此失效模式的基础上进一步检查失效原因、预防和探测措施以及风险评价。比如，针对"问题解决：印制电路板没有卡扣上"这个主题，发生问题的过程是"印制电路板和盖体组装"，因此，需要在 PFMEA 的该过程中，在所属的功能"按照图样 XYZ 的要求，用盖体的内卡扣把印制电路板和正确型号的盖体卡扣上"之下，检查有没有对此失效的分析，检查失效原因、预防和探测措施以及风险评价是否需要更新。

6.2.2　深入分析

如果是新要求、新应用，或者要求、应用发生了变化，由于这些要求或应用需要通过功能来实现，因此一般先要进行功能分析，分析这些要求或应用如何实现以及为什么需要实现，形成功能网络；接下来进行失效分析，识别要求或应用实现的因果关系中可能发生的失效链；随后的风险分析评价这些要求或应用不能被实现的风险；最后，优化改进当前的过程，以满足这些要求或应用。

对流程中的新过程、新工作元素或者这些过程或元素发生变化，由于它们都是从结构开始就有新的成分或发生了变化，所以 PFMEA 更新一般都需要经过结构分析、功能分析、失效分析、风险分析和优化改进。比如，"印制电路板和盖体组装"过程新引入了"机器人"作为结构元素，因此，需要对机器人从结构分析开始更新 PFMEA。

对新功能、新特性或者它们的变化，由于它们都是从功能开始有新成分或发生变化，所以 PFMEA 更新一般都需要经过功能分析、失效分析、风险分析和优化改进。比如，"印制电路板和盖体组装"过程由于机器人的引入，人员操作发生了变更，因此，对"人员"的分析需要从修改功能开始。

对新失效或变化的失效，由于它们都是从失效开始有新成分或发生了变化，所以 PFMEA 更新需要从失效分析开始，再经过风险分析和优化改进。比如，针对"问题解决：印制电路板没有卡扣上"这个问题，需要从失效分析开始，检查和更新相关内容。

对新控制或变化的控制，它们可能是预防措施，也可能是探测措施，由于这些措施构成了风险分析的一部分，因此 PFMEA 更新需要从风险分析开始，然后进行优化改进。

6.2.3　执行措施

PFMEA 更新后，新加入的或者变化后的当前措施需要转化到控制计划中做进一步的计划。需要把所有检测类措施从 PFMEA 转移到控制计划中，明确它们的测试项目、接受准则、测试程序以及样本大小、反应计划等问题，然后根据控制计划去执行这些检测措施，并追踪执行结果。

还需要把 PFMEA 的成果（比如预防措施和探测措施）落实到执行文件以及现实当中，比如落实到作业指导书、检查指导书中，落实到维护保养文件中，落实到检查清单中，落实到工装夹具中。它们之间的信息应该保持一致，否则这些针对新情况、变化点或已发生问题的当前措施就可能不能落到实处，不能真正地降低过程的风险。

PFMEA 更新过程中产生的未完成措施，不可以转化到控制计划或执行文件中，因为这些措施还没执行，也没有验证过效果。而这些措施一旦完成和验证了效果，就需要及时转化到控制计划以及执行文件中，让它们记录在案并真正起到预防或控制作用，降低过程的风险。

6.2.4　PFMEA 更新案例

PFMEA 创建结束后，管理层要求"印制电路板和盖体组装"过程导入机器人自动放置印制电路板到载具上，以代替原来的人工行为。机器人的速度和稳定性非常好，一方面可以提高生产效率，另一方面可以降低印制电路板放置过程中的风险。

过程工程师邀请了团队以会议形式更新 PFMEA，以分析变更的执行以及其中的风险，从而提出优化改进建议。由于该变更是增加机器人，这属于结构元素中工作元素的范畴，因此，团队决定从结构分析开始更新 PFMEA，并预期两次会议完成。

团队认识到，机器人负责的工作是"把印制电路板放到载具上，印制电路板上电容的方向朝上"，作业员原来的这个动作被机器人取代，但是在机器人拿取印制电路板之前，作业员需要增加其他动作，即"把放有印制电路板的容器放到机器人的拿取位"。

团队仍然保留了"印制电路板和盖体组装"过程的工作元素"作业员"，并把"机器人"加入到工作元素中，作为该过程的下一层元素。也就是说，"印制电路板和盖体组装"过程需要"作业员""机器人"以及"盖体组装设备"的参与并受它们的影响。结构分析更新结果见表 6-1。

表 6-1　PFMEA 结构分析更新案例

产品或流程	过程	工作元素
电子控制单元生产线	印制电路板和盖体组装	作业员
		机器人
		盖体组装设备

　　结构分析更新后，团队进行了功能分析。团队删除了"作业员"的"把印制电路板放到载具上，印制电路板上电容的方向朝上"这个功能，加入了"把放有印制电路板的容器放到机器人的拿取位"这样的功能。识别了"机器人"功能和要求是"把印制电路板放到载具上，印制电路板上电容的方向朝上"。

　　接下来，团队开始连接上下层具有因果关系的功能。"作业员把放有印制电路板的容器放到机器人的拿取位"以及"机器人把印制电路板放到载具上，印制电路板上电容的方向朝上"这两个功能是为了实现"印制电路板和盖体组装"过程的功能"按照图样 XYZ 的要求，用盖体的内卡扣把印制电路板和正确型号的盖体卡扣上"，因此，这些上下层具有因果关系的功能被连接在了一起。表 6-2 展现了"机器人把印制电路板放到载具上，印制电路板上电容的方向朝上"这个功能链的分析结果。

表 6-2　PFMEA 功能分析更新案例

产品或流程功能	过程功能和产品特性	工作元素功能和过程特性
［电子控制单元生产线］ 你的工厂：在生产线组装电子控制单元 发运至工厂：安装电子控制单元到电动机上 最终用户：保护电子控制单元和电动机，在设计范围内，避免机械、电气、热应力和内外媒介的损害，参照 xxx 设计要求	［印制电路板和盖体组装］ 按照图样 XYZ 的要求，用盖体的内卡扣把印制电路板和正确型号的盖体卡扣上	［机器人］ 机器人把印制电路板放到载具上，印制电路板上电容的方向朝上

　　功能分析更新后，团队进行了失效分析。团队识别了"作业员把放有印制电路板的容器放到机器人的拿取位"可能出现的失效，它们是"作业员把放有错误型号印制电路板的容器放到机器人的拿取位""作业员把放有印制电路板的容器放到机器人的拿取位，但放错了方向""作业员把放有印制电路板的容器放到机器人的拿取位，但放错了位置"。团队也识别了"机器人把印制电路板放到载具上，印制电路板上电容的方向朝上"可能出现的失效，它们是"由于夹爪偏移、变形、磨损或污染导致机器人放置印制电路板位置错误""由于夹爪偏移、变形导致机器人抓坏印制电路板""由于夹爪偏移、变形或磨损导致机器人在运转印制电路板的过程中掉落印制电路板"。

　　可能有人对此有疑问：人工放置印制电路板有一些失效可以理解，现在过程优化改进了，采用机器人放置印制电路板怎么还有这么多失效？其实，失效识别的数量和采用的实现方式关系不是太大，每种情况无论是人工还是自动化，都有自己特定的失效，它们的差别在于，失效的形式可能改变了，失效的发生概率可能降低了。

　　接下来，团队开始连接上下层具有因果关系的失效。"作业员把放有印制电路板的容器放到机器人的拿取位，但放错了位置"和"由于夹爪偏移、变形、磨损或污染导致机器人放置印制电路板位置错误"都会导致"印制电路板没有卡扣上"，因此，这些上下层具有因果关系的失效被连接在了一起。表6-3展现了由于"由于夹爪偏移、变形、磨损或污染导致机器人放置印制电路板位置错误"导致的失效链分析结果。

表6-3 PFMEA失效分析更新案例

失效影响	失效模式	失效原因
［电子控制单元生产线］ 你的工厂：挑选产品并报废不良产品 发运至工厂：挑选产品使用，不会停线 最终用户：在设计范围内，电子控制单元由于机械、电气、热应力或内外媒介而损坏	［印制电路板和盖体组装］ 印制电路板没有卡扣上	［机器人］ 由于夹爪偏移、变形、磨损或污染导致机器人放置印制电路板位置错误

失效分析更新后，团队进行了风险分析。团队识别了失效"由于夹爪偏移、变形、磨损或污染导致机器人放置印制电路板位置错误"的当前预防措施是"维护保养计划定义了定期清洁夹爪，定义检查夹爪的状态"，维护保养可以保持机器人的良好状态，因此发生概率的评价为非常低，发生度评价为2。当前的探测措施仍然是"当站目视检查印制电路板有没有卡扣上"，属于经过验证的人员检查失效模式，探测能力评价为中，探测度评价为6。于是，措施优先度评价为中。对此，失效分析的结果见表6-4。

表6-4 PFMEA失效分析更新案例

失效影响	失效模式	失效原因	预防措施	探测措施	S	O	D	AP	特殊特性
［电子控制单元生产线］ 你的工厂：挑选产品并报废不良产品 发运至工厂：挑选产品使用，不会停线 最终用户：在设计范围内，电子控制单元由于机械、电气、热应力或内外媒介而损坏	［印制电路板和盖体组装］印制电路板没有卡扣上	［机器人］由于夹爪偏移、变形、磨损或污染导致机器人放置印制电路板位置错误	维护保养计划定义了定期清洁夹爪，定义检查夹爪的状态	当站目视检查印制电路板有没有卡扣上	10	2	6	中	

风险分析更新后，团队进行优化改进。团队认为当前的探测不够及时，机器人一旦发生

错误将会是批量问题，因此，有必要安排更早的探测措施。最终，团队计划采取"传感器自动感应印制电路板有没有放置到载具的正确位置上"这样的探测措施，它能够及时发现机器人的动作错误，此探测属于对失效原因经过验证的自动探测，探测能力非常高，探测度评价为 2，于是，措施优先度评价为低。根据以上分析，优化改进的结果见表 6 - 5。

表 6 - 5　PFMEA 优化改进的更新案例

优化预防	优化探测	责任人	目标完成日期	状态	采取的措施及证据	完成日期	S	O	D	AP
无	传感器自动感应印制电路板有没有放置到载具的正确位置上	×××	××××年××月××日	执行中			10	2	2	低

如果最近还有其他更新，可以把这些更新放在一起再开始结果文件化的工作。在本案例中，由于流程最近没有其他更新，优化改进之后，团队就开始了结果文件化的工作。

主持人带领团队开始制作 PFMEA 文档。团队总结了此次变更的主题为"机器人自动放置印制电路板代替手工放置印制电路板"，变更内容为删除了作业员功能"把印制电路板放到载具上，印制电路板上电容的方向朝上"；增加了作业员功能"把放有印制电路板的容器放到机器人的拿取位"；增加了机器人及其功能"把印制电路板放到载具上，印制电路板上电容的方向朝上"。主持人把变更主题和内容记录在封面中，见表 6 - 6，封面总结了此 PFMEA 新版本的更新主题和内容以及整份文件的信息。

接下来主持人在团队的观察下，生成了 PFMEA 正文，其中变更部分见表 6 - 7、表 6 - 8，并从正文里截取了高措施优先级的内容、优化改进措施清单；此外，他们还准备了这份 PFMEA 采用的风险评价准则、FMEA 措施的验证结果以及团队成员的会议出席记录。

团队整合了准备好的封面、高措施优先级的内容、优化改进措施清单、PFMEA 正文、风险评价准则、FMEA 措施的验证结果、团队成员的会议出席记录等组成部分，形成了一份完整的 PFMEA 文件。

虽然 PFMEA 已经形成文件，但在送批之前，过程工程师准备了向管理层汇报的工作，以便把管理层的意见纳入 PFMEA 成果，从而发挥他们在风险管理中的重大作用并获得 PFMEA 批准。

管理层汇报安排在了生产该产品的生产线进行。过程工程师向管理层介绍了本次的变更主题以及变更点，可能存在的主要风险以及优化改进措施。管理层对团队的努力以及大家持续改进的精神进行了赞扬，并鼓励大家再接再厉，基于 PFMEA 不断降低过程的风险，实现组织和顾客的双赢！

表 6-6　PFMEA 优化改进的更新案例

PFMEA 封面						
公司名称	×××汽车部件有限公司	FMEA 主题	刮水器电子控制单元的 PFMEA			
生产地点	×××	PFMEA 开始时间	××××年××月××日	**PFMEA编号和版本**	P123456 V02	
顾客名称	×××	PFMEA 更新时间	××××年××月××日	负责人	×××	
产品和料号	刮水器 ECU123	跨职能团队	见 PFMEA 团队清单附件	保密等级	保密	

FMEA 范围：

本 PFMEA 包含了割板、印制电路板和盖体组装、焊接、自动光学检查、功能测试以及包装过程的分析。

风险状况：

本 PFMEA 识别了 98 条失效链，其中，措施优先级高的有 13 条，措施优先级中的有 36 条，措施优先级低的有 49 条。

经过优化改进后，措施优先级高的有 0 条，措施优先级中的有 16 条，措施优先级低的有 82 条。

详情见高风险内容清单和 PFMEA 正文。

优化改进措施：

本 PFMEA 计划了 36 条优化改进措施。详情见优化改进措施清单。

变更记录：

机器人自动放置印制电路板代替手工放置印制电路板

－删除了作业员功能"把印制电路板放到载具上，印制电路板上电容的方向朝上"

－增加了作业员功能"把放有印制电路板的容器放到机器人的拿取位"

－增加了机器人及其功能"把印制电路板放到载具上，印制电路板上电容的方向朝上"

附件：

高风险内容清单

优化改进措施清单

PFMEA 正文

评价准则

PFMEA 验证报告

PFMEA 团队清单

PFMEA 批准：

项目经理：×××　　　　主持人：×××

研发负责人：×××　　　过程负责人：×××　　　质量负责人：×××

表 6-7　PFMEA 正文更新案例（1）

产品或流程	过程	工作元素	产品或流程功能	过程功能和产品特性	工作元素功能和过程特性	失效影响	失效模式	失效原因	S	O	D	AP
电子控制单元生产线	印制电路板和盖体组装	机器人	[电子控制单元生产线] 你的工厂：在生产线组装电子控制单元 发运至工厂：安装电子控制单元到到电动机上 最终用户：保护电子控制单元，在设计范围内，避免电动机，和电气、机械、电气、热应力和内外媒介的损害，参照 xxx 设计要求	[印制电路板组装] 按照图样 XYZ 的要求，用盖体的内卡扣把印制电路板和正确型号的盖体卡扣上	[机器人] 机器人把印制电路板放到载具上，印制电路板上电容的方向朝上	[电子控制单元生产线] 你的工厂：挑选产品并报废不良产品 发运至工厂：挑选停线，产品使用不会停线 最终用户：在设计范围内，电子控制单元由于机械、电气、热应力或内外媒介而损坏	[印制电路板组装] 盖体和盖体扣上 印制电路板没有卡扣上	[机器人] 由于夹爪偏移、变形、磨损或机器人放置印制电路板位置错误	10	2	6	中

表 6-8　PFMEA 正文更新案例（2）

预防措施	探测措施	S	O	D	AP	特殊特性	优化预防	优化探测	责任人	目标完成日期	状态	采取的措施及证据	完成日期
维护保养计划定义了定期清洁夹爪，定义检查夹爪的状态	当站目视检查印制电路板有没有卡扣上	10	2	2	低		无	传感器自动感应印制电路板有没有放置到载具的正确位置上	xxx	xxxx 年 xx 月 xx 日	执行中		

后 记

虽然本书到此已经结束，但监视、管理设计和过程风险的工作永不停歇，因此，FMEA的创建、更新以及方法论本身的优化改进还将一直持续着。

把 FMEA 表格填满也许很容易，但真正掌握 FMEA 方法，能够预测和管理几乎所有可能发生的问题，却是不容易的。如果想掌握这种方法，给顾客、组织和自己带来收益，需要多多阅读 FMEA 方法类的书籍，多制作和更新 FMEA，经常和其他人的 FMEA 做比较，多利用实际发生的问题来反思 FMEA 做的不足之处（这些实际发生的问题可能来源于测试不通过或者内外部抱怨）。这时，"3x5why" 是比较好的反思方法，即询问以下问题，找到改进之处并优化 FMEA 方法：问题为什么会发生？问题为什么没有成功预防？问题为什么没有探测出？FMEA 在这些地方哪里做得不足？下次如何改进？

当你通过 FMEA 管理降低了设计和过程的风险，让相关方满意、让组织的事业蒸蒸日上时，希望你也能够增值并且得到组织内外的承认。

虽然很多人错误地认为善于解决问题的人比较容易得到职位上的提升，因为问题从有到无，从急迫到放松，大家都看在眼里，都亲身经历，解决问题的人犹如组织中的大英雄一样消灭了一个个横亘在组织面前的艰难险阻；而善于预防问题发生的人，在问题还没发生时已经把它们消灭于无形，所以一直默默无闻。

再次强调，这是错误的想法。只要你能勇敢地向大家，尤其是管理层、你的顾客展示你预防问题的成果和努力，问题预防者照样可以声名远播！比如，你要让大家知道你对可能发生问题的深谋远虑，你对高风险失效链策划和执行的预防或者探测措施确实降低了失效风险。尤其当你侃侃而谈这些预防或者探测措施不一定非要花费很多成本时，大家就会对你另眼相看。这其实是不难做到的，就像在本书中说到的，很多时候，很小的改善就可以起到很大的效果！

每个人都生活在其他人或自己创造的劳动成果之中，如果每个人都可以应用 FMEA，用好 FMEA，那我们使用的每个产品、经历的每个过程、面对的每种环境都将处于低风险状态。那样的话，我们每天都可以安心地享受工作和生活过程中的健康、平安、快乐和幸福！这种状态真令人向往！

努力地去预防和控制潜在问题吧，努力地学习和应用 FMEA 吧，天下没有问题，是我们的终极目标！

作者